KB235248

타로
마스터
따라 잡기

타로 마스터 따라잡기

© 최정안 2003

1판 1쇄   2003년 7월 20일
1판 13쇄   2022년 10월 20일

지은이   최정안
펴낸이   김정순
책임편집   정혜경
마케팅   이보민 양혜림

펴낸곳   (주)북하우스 퍼블리셔스
출판등록   1997년 9월 23일 제406-2003-055호
주소   04043 서울시 마포구 양화로 12길 16-9 (서교동 북앤빌딩)
전자우편   editor@bookhouse.co.kr
홈페이지   www.bookhouse.co.kr
전화번호   02-3144-3123
팩스   02-3144-3121

ISBN   89-5605-070-8 13180

타로 마스터 따라잡기

최정안 지음

TAROT MASTER

북하우스

여러분은 이제 고대로부터 내려오는 신비주의 중의 하나인 타로의 세계에 입문하셨습니다. 처음에는 단순하게, 영화나 드라마 어딘가에 나온 소품 중에 하나로, 친구가 사용하는 것을 보는 등 이런저런 이유로 타로를 알게 되고 호기심을 키워가다가 드디어 그 호기심이 한계에 이르렀음을 깨닫고 이 책을 펼치게 되었습니다. 어쩌면 이 운명적인 만남은 타로가 시작된 수천 년 전에서부터 이미 결정되어 있었고, 그 운명의 힘에 이끌려 이 책과 만나게 된 것일지도 모르는 일입니다.

여러분은 자신의 운명과 앞일을 궁금해합니다. 내일 무슨 일이 일어날까? 나에게 운명의 상대는 있는 걸까? 만약 있다면 지금 어디 있을까? 어떤 사람일까? 내게 무슨 사고가 나지는 않을까? 난 부자가 될 수 있을까? 지금 하고 있는 일이 나에게 적합한 직업일까? 나의 아이는 훌륭하게 성장할 수 있을까? 등등 여러 가지 질문이 있고, 이런 질문들에 대답하는 수많은 예언의 도구가 있습니다. 그중에서도 가장 널리 사용되고 있으면서도 가장 오래된 도구가 지금 여러분이 선택한 타로입니다.

타로는 점을 보기 위해서만이 아니라 자신의 영적인 성장을 위한 명상을 할 때도 사용되고, 스스로 결정을 하지 못하는 두려운 질문에 대해서 대신 대답해주기도 합니다. 정확히 이야기하자면 인간이 깨어 있는 동안, 항상 지배를 받고 있는 의식의 부분을 통해서 왜곡된 내부의 무의식 영역을 타로라는 통로를 통해서 끄집어내는 것이죠.

제가 여러분에게 바라는 것은 점을 보는 방법이 아니라 타로를 통해 자신의 내면과 대화하는 법, 그리고 자신이 두려워하는 현실을 직시하고 어려움을 헤쳐나가는 데 도움을 얻었으면 하는 것입니다. 무엇보다 중요한 것은 자신 스스로의 역할입니다. 이 책은 타로를 통해서 내면을 바라볼 수 있도록 해주는 것뿐이고, 그 충고들을 이해하고 받아들이는 것은 여러분에게 달려 있습니다.

이 책을 통해서 여러분이 자신의 내면과 대화를 훌륭히 이룰 수 있기를 바라고, 또 그 내면의 이야기를 통해서 자신의 삶을 좀더 진정으로 바라는 방향으로 살아가는 데 도움이 되었으면 좋겠습니다.

이 책은 모던 타로를 중심으로 한 메이저 아카나Major Arcana와 마이너 아카나Minor Arcana를 해석하는 방법과 타로를 다루고 사용하는 방법이 쓰여 있습니다. 특히 메이저 아카나에서는 타로 맛보기, 엿보기 코너를 마련해 각각 다른 종류의 덱과 상징들을 비교 분석할 수 있도록 하였습니다. 타로를 실제로 사용할 때의 예들로 구성된 타로 배열법의 활용에 대한 이야기도 다루었습니다. 여기서 기본적으로 사용된 덱은 타로의 기본 상징 체계가 가장 잘 들어맞아 초보자에게 적당한 라이더 웨이트를 사용하였습니다.

타로의 역사나 기원에 대한 내용은 다른 책에서도 이미 많이 다뤄져왔었고 이제는 과거의 이야기이기 때문에 이 책에서는 아주 간략한 내용만을 담았습니다. 대신 다른 책에서는 찾아볼 수 없는 내용들이 많이 들어 있을 것입니다. 이 책은 처음 시작하는 분들에게는 조금 어려울 것입니다. 완전히 생소한 언어를 배우는 것처럼 처음은 언제나 어렵기 마련입니다. 더불어 타로를 너무 쉽고 심심풀이 놀이쯤으로 생각하는 것을 방지하기 위함이기도 합니다. 그리고 고수 분들에게는 이 책이 너무 쉬울지도 모릅니다. 이 책은 타로를 처음 시작하는 분들을 중수급으로 끌어올리기 위해서 쓴 책이기 때문입니다. 조금은 어려울지 몰라도 타로를 꼭 배우고 싶다는 의지가 있는 분들과 초보에서 중수로 넘어가기를 힘들어하시는 분들을 위해 이 책을 썼습니다. 이 책이 여러분들의 시작에 작은 도움이 되었으면 좋겠습니다.

T A R O T

1부 | 타로란 무엇인가?

2부 | 타로 카드의 비교 분석

3부 | 배열법이란 무엇인가?

부록

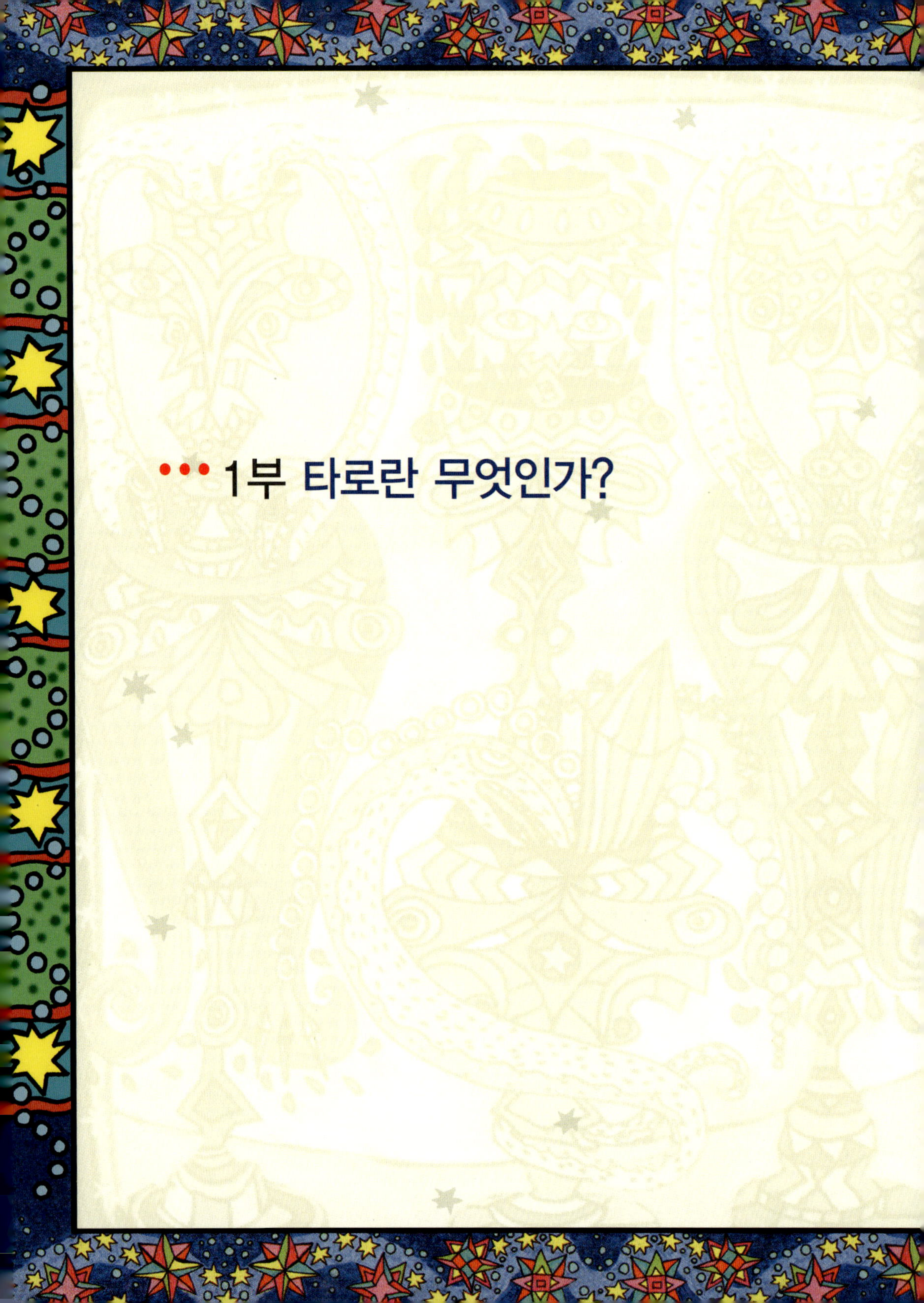

···1부 타로란 무엇인가?

타로란 무엇인가?

What is Tarot?

타로 카드를 설명해야 할 때는 물리적인 부분과 정신적인 부분으로 나누어서 이야기해야 한다. 타로 카드는 물리적인 카드이기는 하지만 정신세계를 다루는 것이기도 하기 때문이다.

타로 카드의 물리적인 부분에 대해서 이야기하자.

타로 카드는 78장으로 구성되어 있다. 이를 덱Deck이라고 하며, 이 타로 덱은 22장의 메이저 카드와 56장의 마이너 카드로 이루어져 있다. 각각 메이저 아카나, 마이너 아카나라고 하는데 메이저는 큰 틀을 의미하고, 마이너는 그 큰 틀을 구성하는 작은 요소들을 상징한다고 생각하면 이해하기 편하다.

그리고 마이너 카드는 검Swords, 지팡이Wands, 성배Cups, 금화Pentacles의 네 종류로 나뉘는데 그 하나하나를 슈트Suit라고 한다. 각 슈트는 독특하고 개성적인 의미를 갖는다. 한 슈트는 열 장의 수비학(수에 관련된 신비주의)적 의미를 가진 숫자 카드와 네 장의 코트Court 카드로 이루어져 있다. 이 코트 카드는 소년Page, 기사Knight, 여왕Queen, 왕King으로 이루어져 있다. 하지만 이것은 일반적인 타로 덱의 모습일 뿐 모든 타로 덱이 이렇게 구성된 것은 아니다.

또한 타로 카드는 특수 코팅된 종이로 오염이나 습기에 강하고 탄성이 좋은 재질로 만들어졌고, 카드들이 서로 잘 미끄러지는 특징이 있다. 그 외에도 플라스틱과 같은 재질로 만들어진 타로 카드도 있다.

　타로 카드의 크기는 엄지손톱만 한 것부터 B5용지만큼이나 큰 타로 덱도 있고, 더 크게 만들 수도 있다. 하지만 타로 카드의 이런 외형적인 것은 그다지 중요하지 않다.

　이번에는 타로 카드를 구성하고 있는 정신적인 면을 살펴보도록 하자.
　사실 정신적인 면이라는 말은 다소 어폐가 있다. 왜냐하면 타로 카드는 그 스스로 어떤 생각을 하거나 결정을 하거나 할 수 있는 '정신'이라는 것이 존재하지 않기 때문이다. 그렇기 때문에 편리하게 쓰이는 '정신적인 면'이라는 말은 '물리적이지 않은 면'이나 '카드의 이미지가 반영하고 있는 인간의 정신세계에 대한 표현'의 축약형이라고 생각하는 것이 더 올바르다.

　어쨌든 타로 카드의 정신적이지 않은 '정신적인 면'은 그 기원 자체가 너무 복잡하고 너무나 많은 것들을 담고 있기 때문에 일일이 나열하여 설명하기가 힘들다. 자세한 기원들은 '타로의 기원' 부분을 참고하길 바란다.

　타로 카드는 그런 수많은 기원들로부터, 타로에(정확하게는 타로를 연구하고, 제작하는 사람들에게) 영향을 미쳤던 많은 신화를 비롯한 오컬트적인 요소들을 포함하고 있는 상징 체계의 집합이다. 실제 타로 한 장에 그려진 그림의 80퍼센트 이상을 상징 체계를 표현하는 데 사용한다고 해도 과언이 아닐 정도로 타로 카드의 많은 부분이 상징적 의미를 포함하고 있다. 그리고 당연하게도 그 상징들은 인간의 정신세계를 나타내고 있다. 그러므로 타로 카드를 이해하기 위해서는 이러한 상징들에 대한 이해가 가장 먼저 선행되어야 한다.

　그럼 이런 상징들을 모두 이해하게 되면 타로 카드를 완전히 이해했다고 할 수 있겠는가? 그것은 아니다. 타로 카드는 인간의 정신세계에 대한 상징이 있을 뿐 그것이 어떻게 현실세계에 적용이 되는지에 대해서는 언급하고 있지 않다.

　이런 부분은 타로 리더(타로에 정통한 사람으로 자신과 타인의 정신적

치유 및 상담을 할 수 있는 소양을 갖춘 사람)의 인간에 대한 이해를 요구하는 부분이다. 타로 리더가 인간에 대해서, 그리고 인간의 삶에 대해서 얼마나 이해하고 있느냐는 결국 타로를 얼마나 잘 읽어낼 수 있는가와 직결되는 것이다.

타로의 기원
The Origin of Tarot

타로의 정확한 기원은 체계적인 자료가 존재하지 않아 정확하게 파고들 순 없지만, 그래도 알려져 있는 대표적인 몇 가지를 소개한다.

이집트 기원설

이집트 기원설은 고대 이집트와 인도에서 쓰던 점술용 '힌트 카드'가 변해서 오늘날의 타로 카드가 되었다는 설이다. '힌트 카드'는 12세기 십자군에 의해 유럽에 퍼져 놀이의 도구로, 또 점을 보는 도구로 쓰였다. 그러나 1799년 로제타석rosetta stone을 발견하고 이집트 상형문자를 해석할 수 있게 되었지만 과거 이집트 상형문자의 기록에서는 타로와 관련된 내용은 없었다.

인도 기원설

인도 기원설은 인도의 '차트랑카chartranga'라는 놀이에서 장기, 체스, 타로 카드, 트럼프 등이 유래되었다는 설이다. '차트랑카'의 놀이 방법과 말의 모양이 장기와 체스로 이어지고, 계급과 구성 개념 등이 트럼프와 타로로 이어졌다. 그 외에도 타로의 4원소들은 신 아르다나리Ardhanari에서 나왔다는 설도 있다. 아르다나리는 인도 예술에서 4개의 팔에 각각 컵, 홀(권위를 상징하는 막대), 검, 링을 쥐고 있다. 또 원숭이신 하누만hanuman도 동일한 심볼을 쥐고 있는 것으로 묘사된다.

이슬람 수피교도설

이슬람 기원설은 마이너 카드에 국한된 것이긴 하지만 기원 전후 이슬람 수피교도가 만들었다는 것으로, 신성한 숫자인 13과 그 카드를 만지는 자기 자신을 더해서 14가 되었는데, 이렇게 14장으로 마이너 카드 네 종류를 만들었다는 설이다. 이것을 만든 용도는 학생들에게 수학을 가르치기 위한 것이다.

유대 기원설

유대 기원설은 타로 카드의 의미를 해석할 때 가장 많이 인용되는 경우이다. 타로는 일반적으로 22장의 메이저 카드와 56장의 마이너 카드로 이루어져 있는데 22라는 숫자가 일상생활에서 쓰이는 일은 그리 많지 않다. 그러나 22라는 숫자를 사용하는 집단이 있는데 그것은 히브리어이다. 히브리어는 처음 만들어질 때부터 22개의 알파벳으로 구성되어 있고 그것은 현재까지도 변화가 없다.

메이저 카드의 22장의 카드들은 히브리어의 글자들과 하나씩 대응되고, 지금의 타로와는 순서가 다르지만 18세기경까지는 그 순서도 같았다고 한다. 즉 고대 타로는 히브리어와 희랍어를 가르치기 위한 수단이라는 것이 이 유대 기원설의 핵심이다. 이는 나중에 카발라(유대교 신비주의)와 연결되어 타로의 깊은 상징 구조에까지 영향을 미치게 된다.

타로의 역사

The History of Tarot

최초로 등장하는 타로

역사 속에 최초로 등장한 타로는 1392년 자크맹 그랭고노Jacquemin Gringonneur라는 화가가 프랑스 샤를 6세를 위해서 만든 세 가지 덱이다. 대부분 유실되었고 현재는 17장만이 남아 파리 국립도서관에 보관되어 있다. 그러나 문서에 의하면 실제 타로 카드를 사용한 것은 그보다 훨씬 전부터인 것으로 보인다. 1329년에도 독일에 타로가 있었다는 기록들이 발견되고, 1379년 미국과 이탈리아 교회가 위험하고 이단적이라는 이유로 타로를 금지했다는 기록이 남아 있다. 따라서 1300년대 초기에 이미 유럽에 타로 카드가 존재하고 있었다는 것을 알 수 있다. 타로가 유럽에서 처음 발생한 것이 아니라 유럽으로 전파된 것이기 때문에 그 원류까지 따라가면 언제 처음 만들어졌는가는 까마득할 뿐이다.

이탈리아 작가 코멜루조는 1480년대에 남긴 그의 글에서 1379년 아랍인들에 의해 '나이브Naibbe' 카드가 북아프리카에서 이탈리아로 유입되었다고 쓰고 있는데 나이브 카드가 확실히 타로 카드인지는 알려진 바 없다.

완전한 형태로 가장 오래된 덱

가장 오래된 덱은 1415년 이탈리아의 보니파시오 벰보Bonifacio Bembo와 다른 몇 명의 화가들이 그린 비스콘티Visconti 덱이다. 비스콘티 가문의 밀라노 공작의 주문에 의해서 만들어진 이 덱은 일일이 손으로 그린 것이다.

서양에서 인쇄술이 발명되기 이전에는 타로를 갖기 위해서 직접 손으로 그려야 했기 때문에 엄청난 비용이 들었고, 그래서 타로를 가질 수 있는 것은 귀족으로 제한될 수밖에 없었다.

이 시대에 만들어진 것으로 추정되는 타로들은 대부분 북부 이탈리아 가문을 위해 만들어졌으며 이탈리아에서는 카드를 '타로코Tarocco(타로키Tarocchi의 복수형)'라고 불렀다. 또 이탈리아의 북부에는 '타로'라는 이름의 강도 있다.

앙투안 쿠르 드 게블랭Antoine Court de Geblin(1725~1784)은 『원시세계와 현대 세계의 비교 분석(1782)』에서 타로가 고대 이집트에서 기원했다는 설을 제시한다. 당시는 이집트의 상형문자가 고대의 마법에 대한 지식을 감추고 있다고 알려져 있었고, 타로를 그런 고대의 신비로운 지식과 연결시켜주는 열쇠라고 보았다. 그러나 1822년 상폴리옹Jean Francois Champollion(1790~1832)이 로제타석을 해독한 이후 수많은 상형문자들이 해석되었지만 타로와 관계된 것은 하나도 발견되지 않았다. 하지만 그것과는 관계없이 게블랭의 이론은 정설로 받아들여졌다. 책이 나온 한참 후에 증거들이 발견되었으니 그럴 수밖에 없었다.

어쨌든 게블랭의 책이 출판된 지 2년 뒤인 1784년 앙리에트Alliette라는 프랑스인이 자신의 이름을 거꾸로 한 에테일라Etteilla라는 가명으로 게블랭의 주장에 자신의 이집트 신비주의를 더해서 에테일라 타로를 만들었다.

최초의 역방향 카드의 도입

역방향이란 카드가 거꾸로 배열Upside down되는 것을 의미하고, 이것은 원래 의미의 강화, 약화, 반대 의미 혹은 완전히 다른 뜻을 의미하기도 한다. 이중 어떤 의미를 사용할 것인지는 타로 리더의 역량에 달려 있다.

에테일라가 최초로 타로에 역방향의 개념을 접목시켰다. 즉 고대 타로에는 역방향 카드 자체가 없었다. 가끔 타로의 역방향을 사용해야 하느냐고 물어보는 사람들이 있는데, 여기서 보는 바와 같이 원래 있었던 건 아니고 나중에 만들어진 개념이니까 역방향을 사용할지 여부는 타로 리더의 선택 여하에 달려 있다는 것이다. 그리고 종종 역방향을 사용하지 말도록 하는 덱도 있다.

에테일라는 78장으로 된 타로의 의미를 좀더 넓게 해석할 수 있도록 하기 위해서 역방향을 만들었는데 역방향이 배열법에 나올 때는 그 의미가 반대로 되거나, 약화된다는 이론을 주장하였으나 그 이론적 근거는 희박하다. 그래서 어떤 학자는 타로를 역으로 사용하는 것은 타로의 의미를 왜곡한다고 해서 사용하지 말 것을 해설서에 적어두었다. 그러나 현재 많은 타로 리더들이 역방향을 사용하고 있다.

타로 카드의 발전

1789년 프랑스 혁명으로 미래에 대한 불안이 팽배하던 시대에 타로는 놀이보다는 운명을 점치는 기능으로 유행하게 되었다. 1850년대 중엽 가톨릭인 프랑스의 알퐁스 루이 콩스탕Alphonse Louis Constant은 자신의 이름을 히브리어로 바꿔서 엘리파스 레비Eliphas Levi라는 필명으로 신비주의에 관한 서적들을 발표하기 시작했고, 1855년에 발표한 『초월마법교회』에서는 최초로 타로와 카발라의 연결을 시도한다. 그는 또한 야훼의 4자음 문자Tetragrammaton; 히브리어에서 '하느님'을 나타내는 4자;YHWH, YHUH 등에 근거해 숫자의 변증법적 원칙을 개발해낸다.

그는 22장의 메이저 아카나가 카발라에 나오는 세피로트의 '지혜의 길' 22개와 숫자가 일치하고, 마이너 아카나의 10장은 카발라의 세피로트를 구성하는 열 개의 구체와 일치한다고 하였다. 카발라에서 존재를 이트질루트계, 브리어계, 에트지라계, 아이샤계의 4계로 나누는 것은 마이너 아카나 네 종류와 일치한다는 것이다.

이러한 연구는 전통 카발라에서 이루어진 것이 아니라 크리스천 카발라 계파에서의 이론이고 유대 카발라에서는 근거 없는 무리한 연결이라고 무시했지만 헤르메틱 카발라에서는 이러한 내용을 받아들여 더욱 구체화하여 발전시키고 있다. 또한 레비는 타로, 카발라와 관련하여 점성학적인 대응도 발견하였고, 진정한 점술에서 오히려 점성학에 대한 지식이 중요한 위치에 있음을 강조했다.

이러한 레비의 사상을 바탕으로 1880년경에 오스왈드 위르트Oswald Wirth 타로가 만들어지고, 1889년에 에라르 앙코스Herard Encauss(1865~1916)가 파푸스Papus라는 가명으로 출판한 『보헤미안 타로』에서 이 타로를 사용한다. 위르트는 메이저 아카나와 별을 연결시켜 평면 천체도를 통해 해설하였고, 타로 카드들이 히브리 문자와 신화상의 인물을 대응시킬 수 있다는 주장을 하였다. 또한 파푸스 역시 타로에 의한 점성학이야말로 모든 타로의 방법들 중에서 가장 정확한 것이라고 강조했다.

황금새벽회Hermetic Order of Golden Dawn의 등장

오늘날 타로에 가장 많은 영향을 준 것은 황금새벽회(1888년 영국 런던에서 창설)이다. 황금새벽회는 표면적으로도 웨이트 타로나 토트 타로 등 타로의 정통적인 이미지를 완성시켰을 뿐만 아니라, 타로에 대한 이론을 정리하고 카발라, 점성학을 연계하여 발전시켰다.

레비, 위르트, 파푸스는 모두 프랑스 오컬트 단체의 구성원이고, 이들은 단체에 가입하면서 비밀을 지킬 것을 맹세하고, 또 그 때문에 일반인에게 발표한 책이나 타로들은 그 순서를 바꾼다거나 중요한 내용은 언급하지 않는 것으로 자신의 지식의 일부를 숨겼다. 그래서 그들이 만들어낸 고대 타로들은 어떤 경우 타로 리딩이 맞지 않을 수도 있다. 이때까지만 하더라도 메이저 카드들은 이미지에 순서가 없었기 때문이다.

황금새벽회는 이러한 의도적인 오류들을 하나하나 복원해나갔고, 『창조의 서』라는 카발라 경전을 바탕으로 타로를 보다 깊이 연구하고 정리하였다. 이렇게 하여 황금새벽회는 타로 연구의 중심지를 유럽 대륙에서 영국으로 옮겨왔고, 20세기 타로의 전성 시대를 만들어나갔다.

라이더 웨이트Rider Waite의 등장

황금새벽회가 세상에 이름을 떨치게 된 것은 웨이트Arthur Edward Waite의 라이더 웨이트 타로가 발행되면서부터이다. 이전의 마이너들은 트럼프와 크게 다르지 않았다. 그러나 웨이트가 감독하고 스미스Pamela Coleman Smith가

디자인한 라이더 웨이트 타로는 마이너 아카나들도 메이저 아카나처럼 이미지로 상징을 보여주는 최초의 타로라는 데 중요한 의미가 있다. 이후 만들어진 타로들은 모던 타로로 분류한다.

라이더 웨이트 이후 발행된 대부분의 타로들은 웨이트의 상징 체계를 따르게 되는데 그것은 지금의 타로에도 큰 영향을 주었다. 그러나 웨이트는 자신의 체계 외에도 비밀로 전수되는 다른 체계가 있다고 언급하였고 그것은 알리스터 크로울리Aleister Crowley(1875~1947)의 토트Thoth 타로이다. 크로울리가 감독하고 프리에다 하리스Frieda Harris가 그린 토트는 제작 기간만 5년이나 걸렸고 방대한 내용과 여러 상징을 담고 있다. 이미지를 통한 상징화는 별개로 하더라도 토트는 히브리 문자, 점성학, 카발라를 체계적으로 연결하는 데 성공하였다. 그러나 이 타로 덱이 처음 발행된 것은 1977년으로 크로울리의 사후 약 30년 뒤이다.

다이온 포춘Dion Fortune

내면의 빛 협회의 창설자인 다이온 포춘은 그의 저서 『신비의 카발라』에서 파푸스와 웨이트, 크로울리의 체계를 모두 테스트 해본 결과 크로울리 체계가 가장 잘 들어맞는다며 크로울리 체계가 올바른 전통적 체계라고 결론지었다.

타로의 분류

The Division of Tarot

처음 타로를 접하는 사람들은 너무 많은 타로의 종류에 압도되어 어떤 타로 덱을 구입해야 하는지 고민하게 된다. 그림이 예쁘거나 특이한 덱들을 좋아하는 사람들은 대개 너무 어려운 덱이라든가 타로 덱으로 사용하기 어려울 정도로 상징성이 약하다든가 해서 타로의 의미와는 거리가 먼 덱을 고르기도 한다. 그래서 그동안의 경험에 비추어 타로를 모두 4단계의 등급으로 나누어 분류했다. 지금까지 나와 있는 모든 타로 덱을 다 분류한 것도, 각 분류가 매끈한 경계를 가지고 있는 것도 아니지만 그 타로 덱이 어느 정도의 난이도를 가지고 있는지, 그리고 타로를 공부하는 데 어떤 어려움이 있을지 미루어 짐작하는 데 도움이 될 것이다.

타로를 모두 네 개의 군으로 묶어서 각각의 특징에 맞게 분류를 하는데 각각은 완전히 다른 것이 아니라 1군과 2군, 1군과 3군 등의 중간 즈음에 존재하는 덱도 있기 때문에 분류의 경계를 충분히 고려해야 한다. 이 분류는 기본적으로 모던 타로를 기준으로 하고 있으며 다분히 주관적인 분류임을 미리 밝혀둔다.

1군 : 타로의 기본 상징 체계에 가장 잘 들어맞고, 그림도 아름다운 덱

역시 1군 타로에 가장 어울리는 덱은 라이더 웨이트이다. 그 외에도 모든 웨이트 계열의 덱들이 여기에 속한다. 올드 잉글리쉬Old English나 문 가든Moon Garden 등의 일반적으로 많은 사람들이 권하는 타로 덱이 1군에 속한다.

2군 : 타로의 기본 상징 체계에는 잘 들어맞으나 그림의 상징성이 부족한 덱

대표적으로 아쿠아리언 Aquarian 덱을 들 수 있다. 비스콘티 스포르자 Visconti Sforza 덱도 2군에 속하고, 마르세이유 Marseille 덱 같은 고전 타로들도 거의 모두 2군에 속한다. 1군에 비해서 타로 리딩을 하기에 조금은 난이도가 있는 편이다.

3군 : 그림은 아름답지만 기존의 상징 체계와는 다른 의미를 갖거나 상징의 연결에 무리가 있는 덱

일반적인 신화 덱이 이곳에 속한다. 가디스 Goddess 덱이라든가 이집티언 Egyptian 덱이 여기에 속한다. 원더랜드 Wonderland 덱과 반지의 제왕 The Lord of The Rings 덱도 그렇다. 그 외에 여러 가지 재미를 주는 윔지컬 Whimsical 덱이 있다. 난이도는 가장 어려운 편에 속한다. 덱 자체의 상징성이 어려운 경우도 있고, 타로와 전혀 다른 의미를 가졌다거나 너무 보편적이어서 정확한 의미 파악이 어려운 경우도 있다. 때로는 타로에 대한 이해보다는 신화에 대한 이해를 요구하는 경우도 있다. 어쩌면 난이도 자체보다는 상징 체계에 대한 분석을 얼마나 할 수 있는가가 관건이 되는 경우가 많다.

4군 : 타로와는 거의 무관한 상징 체계를 가지지만 예쁜 덱

아르누보 Art nouveau 덱이 여기에 속한다. 개티 Gatti 덱도 훌륭한 4군의 덱이다. 4군은 대개의 경우 수집용인 경우가 많으며, 잡지에서 부록으로 배포되는 혹은 아마추어 만화가들에 의해서 제작되는 덱들이 이 분류에 들어가기 쉽다(개중에는 훌륭한 1군 덱도 있다). 인기 있는 덱으로는 시미즈 레이코의 미라클 Miracle 덱이나 아마노 요시타카 덱 등이 있다.

주의 사항

타로를 처음 사러 갈 때

대부분의 사람이 처음 타로를 접하는 시기는 대개 중고생 때일 것이다. 그런데 학생 신분으로 78장의 타로 덱을 사기엔 비싸다. 그렇기 때문에 타로를 사기 위해서 몇 주에서 몇 개월 정도 돈을 모은다. 그리고 인터넷을 돌아다니며 자료를 수집한 뒤 가장 싼 곳을 수소문하고, 여러 타로 갤러리에서 가장 마음에 드는 덱을 미리 찍어둔다. 그러나 직접 타로를 사러 가게 되면 자신이 스캔한 자료와 실제 타로의 미묘한 색의 차이점 그리고 막상 손에 잡았을 때의 감각의 차이들로 인해 눈앞이 캄캄해질 것이다. 그럴 때 초보자도 누구나 알 수 있는 간단한 타로를 고르는 방법을 알고 있다면 도움이 될 것이다.

1. 사람이 등장하는 타로 덱을 구입하라

일단 기본적으로 사람이 주인공으로 나오는 타로 덱들이 대개의 경우 해석하기가 쉬운 편이다. 동물이 주인공이거나 돌, 허브, 수정 등이 주인공인 덱들은 대개 타로의 의미가 왜곡되거나 무리하게 연결되어 있는 경우가 많다.

2. 신화를 중심으로 한 덱은 피한다

타로는 신화의 이야기가 아니다. 신화를 중심으로 한 덱은 신화의 이야기가 아닌 타로를 신화의 이야기에 맞춰서 만든 덱이기 때문에 신화와 무리하게 연결된 경우가 꽤 많다. 그런 경우 타로를 공부하는 것이 아니라 신화를 공부하게 되는 경우가 종종 있다.

3. 그림이 또렷한 덱을 구한다

일단 그림이 흐릿하면 상징성을 확실하게 찾기가 힘들어서 해석하기가 힘들어진다.

4. 너무 많은 상징이 있는 덱은 피한다

너무 많은 상징들을 한꺼번에 타로에 몰아넣으려고 한다면 무리가 생기는 것은 당연하다. 전문가 수준이 되기 전까지는 이런 종류의 덱은 피하는 것이 좋다.

5. 많이 들어본 이름의 덱을 구한다

일단 인터넷이나 기타 타로 모임에서 많이 들어본 이름의 덱을 구하면 십중팔구는 성공한다. 많이 쓰이는 덱들은 그만큼 사용하는 사람들이 많고 자료도 풍부할 것이다. 이런 경우 공부하기가 편하다.

6. 최종적으로 마음에 드는 덱을 고른다

처음부터 편하고 쉬운 덱은 없다. 어느 덱을 고르더라도 당연히 공부를 해야 하고, 아무리 쉬운 상징 체계를 가진 덱이라도 처음 접하게 되면 답답하고 막막해지기 마련이다. 결국 마음에 드는 덱을 골라 익숙해지면 그게 자신에게 가장 잘 맞는 덱이 되는 것이다. 결국 결론은 자신이 마음에 드는 덱을 고르는 것이 가장 좋다.

그래도 역시 처음 타로를 구입하려 한다면 앞에서 설명한 타로의 분류 중에서 1군에 속하는 타로를 선택하는 편이 좋다.

타로를 다루는 방법

타로는 대개 점을 보기 위해 사용하는 것(정확히는 타로 리딩)이기 때문에 미래를 알 수 있다는 이유에서 샤머니즘적인 신비주의를 가지고 있다. 그래서 타로를 불필요한 신격화나 인격화를 하는 경우가 많다. 그러나 실제로 타로를 다루는 데 가장 주의해야 할 것은, 당연하지만 '분실에 주의하는 것'이다. 만약 한 장의 타로라도 잃어버린다면 대개의 경우 그 덱은 더이상 사용이 불가능하다.

그리고 두번째로 중요한 것은 청결이다. 굳이 인격화나 신격화의 문제가 아니라도 타로 덱을 만지기 전에는 손을 씻는 것이 좋다. 손을 씻는 데는 여러 가지 이유가 있지만 그중에서 가장 중요한 것은 덱이 더러워지는 것을 방지하기 위해서이다. 그리고 손을 씻을 때는 이왕이면 찬물이 좋은데, 손에 찬물이 닿으면 머리가 맑아져서 초보자가 정신 집중을 하는 데 도움을 주기 때문이다.

세번째로 보관에 주의해야 한다. 타로 덱의 보관은 일반적으로 책의 보관과 비슷하게 하면 된다. 둘 다 종이로 이루어진 것이기 때문에 직사광선이 들지 않는 선선하고 습하지 않은 곳에만 둔다면 아무런 문제가 없다.

타로에 대한 여러 가지 소문과 진실

타로 덱의 정화법

정화는 달빛의 정화, 흙의 정화, 물의 정화, 소금의 정화, 연기의 정화, 수정의 정화, 정리하기 등이 있다.

이런 여러 가지 방법들이 정화를 하는 방법이라고 알려져 있지만 정화를 하지 않아도 상관은 없다. 타로의 정화는 오염이 되었기 때문에 제거한다는 의미로 여기서의 오염은 정신적인 것을 가리킨다. 오염에는 여러 가지가 있지만, 그런 것들이 정신적으로 어떤 오염을 일으키는지는 정확히 설명할 수가 없다. 나는 타로를 사용하면서 꽤 많은 사람들에게 타로 덱을 빌려주었고, 또 많은 사람들이 내 타로 덱을 만졌지만 아직까지 한 번도 정화를 해본 적이 없고, 그래도 타로 리딩의 적중 확률은 떨어지지 않았다. 만약 처음 타로를 시작하는 사람이라면 정화 같은 '자기 만족'을 위한 행동에 스트레스를 받지 않기 바란다.

타로의 인격화와 타로와의 대화

타로에 대한 자료들을 인터넷에서 찾아보면 '타로가 삐쳤어요' '타로가 이렇게 하라고 했어요' '타로가 주인을 알아보나요?' 등의 이야기를 종종 접한다. 많은 사람들이 아직도 이런 이야기에 현혹되는 경우를 봤고, 아무리 뛰어난 타로 리더라 해도 현혹되기가 쉽다.

결론부터 이야기하자면 타로 덱은 이야기를 할 수 있는 대상이 아니다. 타로 덱은 대개의 경우 누군가에 의해서 디자인되어 공장에서 대량으로 제작된 것이 대부분이다. 이런 타로 덱에 어떤 정신과 혼이 깃들 수 있겠는가? 물론 그렇게 누군가가 혼을 담아 일일이 손으로 만든 타로라 할지라도 그런 허무맹랑한 이야기가 현실화되진 않겠지만, 붕어빵 같은 수십만 개의 타로 덱에 놀라운 일이 벌어지기를 바라는 건 욕심이 아닐까?

타로는 그저 하나의 도구다. 물론 타로와의 대화의 경우 원 카드 배열법을 처음 배우는 초보자들에게 권하는 방법이기도 한데, 그것은 하나의(소소하고 별로 중요하지 않은) 질문을 하고, 무작위로 한 장을 뽑아서 그 질문에 맞는 대답을 찾아내는 것이다. 이 방법은 원 카드 배열법에 익숙해지기 위한 하나의 훈련 방법일 뿐 타로와 진짜로 대화를 하는 것은 아니다. 단지 질문을 편하게 하기 위해서 대화의 형식을 따르는 것뿐이다.

타로의 이름 짓기

타로를 처음 구입한 사람은 타로 덱에 이름을 지어주어야 하는지 여부에 대해 고민하게 된다. 하지만 이름을 지어주고 대화를 시도하기 위한 것이라면 하지 말 것을 권한다. 애완동물이나 인형에도 이름을 지어주는 것처럼 어떤 사물을 지칭하는 그야말로 '이름'을 지어주는 거라면 아무도 반대하지 않을 것이다. 덧붙여 개인적인 의견을 말하자면, 처음 디자인한 사람이 지어준 이름이 가장 좋다. 내 타로 덱들은 각각 아쿠아리언 Aquarian 이나 유니버셜Universal의 이름으로 불리고 있다. 이런 이름으로 부르는 것이 가장 좋다. 물론 유니버셜 타로를 아쿠아리언이라고 부르진 않는다.

부메랑 효과 After Shock

타로 동호회에서 나오는 여러 질문들 중에서 자주 받는 질문으로 부메랑 효과에 대한 것들이 많다. 질문들은 대개, '타로를 사용하면 수명이 줄어든다던데 정말인가요?' '타로를 사용하면 불행해진다던데(혹은 자신의 운을 깎인다던데) 정말인가요?' '타로로 다른 사람의 점을 봐주면 그 사람의 불행이 자신에게 옮겨온다던데 정말인가요?'의 형태다. 타로를 사용하는 것은 미래를 알 수 있게 되는 것이고, 하늘의 천운과 미래를 알게 되는 사람에게는 언제나 재앙이나 저주가 따른다는 오래된 구전에 의해서 사람들은 부메랑 효과를 걱정하는 것이다.

부메랑 효과는 아직 정확하게 알려진 바 없고, 정확하게 알 수도 없다. 왜냐하면 타로를 사용하는 것이 진짜로 부메랑 효과를 불러일으킨다고 하는 증거도, 그렇지 않다는 증거도 아직은 없기 때문이다. 하지만 국내외에서 타로를 직업으로 하는 타로 리더들과, 타로를 계속 연구하는 전문가들이 단명했다거나 무척이나 불행하게 살지는(일반적으로 상상할 수 없을 정도로) 않았다는 점을 증거로 본다면 사람의 운명이나 수명을 좌지우지할 만큼의 강력한 부메랑 효과는 없다고 판단된다.

타로 리딩할 때 이야기 들어주기

타로 리딩을 하면서 가장 보람 있었던 때는 타로 리딩으로 수입을 가지게 된 지 얼마 안 되는 때였다. 나는 겨우 이십대 중반이었고 나에게 상담을 하러 오신 분은 사십대 중반의 여성으로 정확하게 어떤 일이었는지는 말할 수 없지만, 눈물을 보이면서 오셨는데 결국 웃으면서 나가셨다. 저렇게 나이 많은 분이 까마득히 어린 나에게 어떤 것을 기대하고 상담을 청하신 걸까?

가끔 내가 하고 있는 일이 어떤 일인가, 라고 자문해볼 때가 있다. 사람

의 미래를 엿보고 그것에 힌트를 얻어서 그 사람의 앞길에 도움을 주는 것
이 가장 중요한 일이라고 흔히들 생각하겠지만 사실은 그렇지 않다.

　　타로 리더는 어떤 결과를 알려주고, 미래를 말해주는 사람이 아니다. 답
답한 속내를 누군가에게 털어놓으며 마음의 안정과 평화를 얻고자 하는 사
람들을 도와주는 것이 타로 리더의 역할인 것이다. 미카엘 엔데Michael Ende의
소설『모모Momo』를 보면 타로 리더의 역할이 잘 표현되어 있다. 물론 그 소
설에 타로가 한 번도 등장하지 않지만, 주인공 모모의 역할이 사실은 타로
리더가 지향해야 하는 모습인 것이다. 즉 항시 염두에 둬야 하는 것은 타로
리더는 말하는 사람이 아니라 이야기를 들어주는 사람이라는 것이다. 꼭 잊
지 말기를 바란다.

타로의 예언

The Prophecy of Tarot

타로 카드가 어떤 작용으로 인해서 어떻게 미래를 알 수 있게 되는가에 대한 자료는 제대로 정리된 것이 없다. 어쩌면 내가 읽었던 책들이 너무 편협하거나 충분히 많은 자료를 읽어보지 못했을 수도 있다. 어쨌든 그동안 내가 읽었던 책들과 내가 명상을 통해서 알아낼 수 있었던 타로를 통해서 미래를 알 수 있는 이유에 대해서 몇 가지 이론을 정리해보고자 한다.

오컬틱 초이스 Occultic Choice

타로 리딩을 하다 보면 그 정확성에 놀라게 되고, 그 자체에 너무나 신기해한다. 아무리 봐도 이 카드에 특별한 힘이 들어 있는 것 같지 않고, 그냥 공장에서 인쇄되어 나오는 예쁘고 비싼 종이 카드에 불과한데 그 뒤에 숨겨진 내용은 결코 만만치 않다.

일단 가장 먼저 생각해볼 수 있는 것이 오컬틱 초이스이다.

오컬틱 초이스를 간단하게 요약하자면 내가 선택하는 것에는 이미 나의 기운이 서려 있다는 이론이다. 그 기운은 하나의 작은 우주인 우리의 몸속에도 흐르고 있으며, 우리의 선택 하나하나에도 영향을 미친다. 그러한 영향력에 의해서 우리는 알게 모르게 우주에 흐르는 기운의 영향을 받고, 그 영향으로 우주의 질서를 훔쳐볼 수 있게 된다는 이론이다. 이런 이론은 비단 타로뿐만 아니라 동양의 육효(여섯 개의 획으로 보는 점)라든가 서양의 오라클 등 거의 모든 신비스러운 작용들에 관여하게 된다.

자전거 이론

처음 타로를 접하는 사람들은 대개 카드에 무언가 힘이 있어서 점이 맞게 되는 것이라고 생각하기 쉽다. 그런 오해를 방지하기 위해 타로 덱은 공장에서 대량생산되고 있는 일반 종이와 별반 다르지 않은 카드라는 것을 종종 설명해야만 했었다. 그럴 때 초보자가 흔히 하는 질문은 '아무런 기운도 없는 종이인데 어떻게 타로로 미래를 알 수 있는가?'라는 것이었다. 이것에 대한 대답으로 '자전거 이론'을 종종 사용한다. 자전거 이론이란 '타로는 자전거'라는 가정에서 출발한다.

자전거는 자동차나 오토바이와는 달라서 스스로 동력을 내서 움직일 수 없다. 그러나 사람이 타고서 페달을 밟으면 그것을 동력으로 해서 걷는 것보다 더 빨리 움직인다. 그리고 사람은 누구나 미래를 예상하고, 예측할 수 있는 능력이 있다. 그런데 타로를 사용하면 마치 사람이 자전거를 타고 이동하는 것처럼, 타로를 통한 명상과 타로의 이미지들을 이용한 의식의 가이드를 통해서 그 능력이 훨씬 증진되는 것이고, 그래서 타로 리더는 미래를 알 수 있게 된다는 이론이다. 이 경우 타로는 가이드의 역할만을 하고, 중요한 내용은 모두 타로 리더에게 달려 있다. 이 이론에서는 타로 리더의 역량이 무척이나 중요하다. 아무리 좋은 자전거라 할지라도, 운전자의 역량에 따라 그 능력의 발휘에 천지차이가 나는 것처럼, 타로도 가이드만을 하고 있는 것이기 때문에 타로 리더의 역량에 따라 달라지는 것이다.

포러 효과 The Forer Effect

포러 효과 혹은 포러-바넘 효과라는 것은 처음 타로를 시작하는 사람들이 타로 리딩을 했을 때도 어느 정도 맞힐 수 있는 확률을 가지는 것을 해명해줄 수 있는 이론으로, 주관적인 평가 혹은 개인적인 평가라고도 한다.

심리학자 B. R. 포러는 실험을 통해 대부분의 사람들이 막연하고 일반적인 성격 묘사를 다른 어떤 사람에게도 맞는다는 것을 알지 못하고 자신에게만 유일하게 맞다고 받아들이는 경향이 있다는 사실을 밝혔다. 예컨대 다음의 글을 읽고 자신의 성격을 얼마나 잘 맞혔는지 0점부터 5점까지 점수를 매겨보자.

"당신은 타인이 당신을 좋아하고, 자신이 존경받고 싶어하는 욕구를 갖고 있다. 하지만 아직 자신에게는 비판적인 경향이 있다. 성격에 약점은 있지만, 대개 극복할 수 있다. 당신은 아직 숨겨진 훌륭한 재능이 있다. 겉으로 보기엔 잘 절제할 수 있고 자기 억제도 되어 있지만, 내면적으로는 걱정도 있고 불안정한 점도 없진 않다. 때로는 올바른 결단을 한 것인가, 올바른 행동을 한 것인가 깊이 고민하기도 한다. 어느 정도 변화와 다양성을 좋아하고, 규칙이나 규제로 둘러싸이는 것을 싫어한다. 당신은 다른 사람들의 주장에 대해서 충분한 근거가 없다면 받아들이지 않을 수 있는 독자적인 사고를 하는 사람이다. 그러나 당신은 속마음을 드러내는 것이 현명하지 않을 수도 있다는 것을 잘 알고 있다. 당신은 외향적이고 붙임성이 있으며 사람들하고 잘 어울리지만 가끔은 내향적이고 주의 깊고, 과묵한 때도 있다. 그리고 당신의 희망 중의 일부는 좀 비현실적이기도 하다."

포러는 자신의 학생을 대상으로 성격 테스트를 실시하고, 그 결과를 무시한 채 학생 전부에게 위의 글을 진단 결과로 주었고, 그 결과를 0에서부터 5까지의 값으로 평가하도록 했는데 그 평균치가 4.26이었다고 한다. 이건 1948년의 이야기이고 이 테스트는 심리학을 전공으로 하는 학생을 대상으로 수백 회 이상 반복되었는데 평균은 여전히 4.2를 기록하고 있다고 한다. 나도 개인적으로 이 테스트를 몇몇 사람들에게 시험해보았는데 평균 3.5점 이하로는 내려가지 않았다. 이 테스트용 글이 서양인들의 사고방식으로 쓰여진 글이라는 것을 감안한다면 상당히 높은 점수라 하지 않을 수 없다. 결국 포러는 사람들에게 그가 사람들의 성격을 성공적으로 읽어냈다고 확신하도록 만들었다. 사실 그 결과는 신문에 실리는 오늘의 운세를 뽑아서 무작위로 나누어준 것이지만 말이다. 이것은 '점'이라는 것이 성격 판단에 도움이 되지 않는다는 것을 증명하는 증거이긴 하지만 아직도 많은 사람들이 점을 보고 있다.

사람은 객관적 기준에 근거한 정확한 기준을 따르기보다는 이것이 사실이었으면, 하고 생각하는 것들을 믿는다고 한다. 다시 말하면 좋다는 이야기를 믿는 편이 더 좋다는 것이다. 이런 경우는 카운셀링을 할 때도 많이 나타나는데 카운셀러가 종종 틀린 의견이나 믿기 힘든 이야기를 하더라도 별 의심 없이 믿어버리게 되는 경우가 그것이다. 또한 카운셀러가 심오하고 개인적인 정보를 알고 있다고 생각하기도 하지만 객관적인 근거는 없다. 그리고 또 하나 이런 성격 진단의 경우 '당신의'라는 라벨을 붙였을 경우 더 많은 신뢰도를 갖게 된다고 한다.

이런 포러 효과가 타로 리딩에 어떤 영향을 미치는가는 다음 글을 읽으면 알 수 있다.

"만약 과거에 무엇인가 일을 시작했다는 카드가 나와서 그렇게 읽어준다면, 질문자는 자신의 과거 중에서 무엇인가 시작한 일이 없는지 자신의 기억을 더듬어 어떠한 하나의 사건을 들추어낸다. 그리고 생각해낸 사건이 타로 점에서 나타난 그 사건이기를 바라게 되고, 그러면 타로 리딩은 성공하게 되는 것이다."

대개의 사람들이 보편타당성의 맥을 짚어가면 주위 사람들에게서 타로 리딩을 꽤 잘한다는 이야기를 들을 수 있게 된다. 그러나 그건 어디까지나 초급 단계에서의 이야기이다. 만약 타로를 다루기 시작한 지 얼마 되지 않아서 리딩에 자신이 없다면, 포러 효과를 충분히 이용해보는 것도 좋다. 이 이론은 타로 이외에도 모든 '점'들이 어느 정도 확률을 가지게 되는 것을 뒷받침하기도 한다.

타로 리딩
The Tarot Reading

타로 리딩을 하는 순서

처음 타로 리딩을 하거나 아직 주변에 타로 리딩에 대해서 조언을 받을 수 없다면 여기에 쓰여진 순서대로 하기를 권한다. 이 방법은 타로 리딩을 오랫동안 해온 경험에서 나온 방법이고, 또 내가 쓰는 방법이기도 하다. 그러므로 이 방법이 표준이라거나 반드시 이 방법만이 옳거나 하지는 않다는 것을 미리 밝혀둔다.

1. 가장 먼저 손을 씻고 완전히 말린다

이것이 필수적이지는 않다. 그러나 타로의 위생적인 사용과, 타로 덱을 오랫동안 사용하는 데 도움이 된다. 그리고 초보의 경우 찬물로 손을 씻는다면 정신 통일에 도움이 될 수 있다. 배열법 천(타로 리딩을 할 때 바닥에 펼쳐두는 천)이 있다면 이때 배열법 천을 꺼내서 바닥에 깐다.

2. 질문자에게 질문을 듣는다

막연한 질문은 피하는 것이 좋다. 구체적이면 구체적일수록 좋다. 그리고 기간과 양에 대한 질문은 피하는 편이 좋다. 기간과 양에 대한 질문을 하게 되더라도 추상적이어서 결국 도움이 되지 못한다.

3. 질문을 주의 깊게 들었다면, 타로 리더가 마음속으로 사용할 배열법을 정한다

배열법은 질문에 따라 바뀔 수 있다. 물론 하나의 범용 배열법으로 모든 질문에 답해주어도 된다. 그리고 한번 정한 배열법은 타로 리딩이 모두 끝날 때까지 바뀌어서는 안 된다. 따라서 카드를 섞기 전에 이미 자신이 사용할 배열법을 정해야 한다.

4. 타로 리더가 카드를 섞는다

섞는 행위를 머릿속이 맑아질 때까지 해야 한다. 그러나 적당한 수준에서 끝내고 대개의 경우 1분을 넘겨서는 안 된다. 1분을 넘길 경우 상담자가 지루해하기 시작한다.

5. 다 섞은 후에는 질문자에게 덱을 3등분한 뒤 다시 하나로 합치게 한다

이 과정은 질문자에게 타로 카드를 만지게 해서 질문에 대한 정확한 답이 나올 것이라는 믿음을 주는 가장 중요한 단계이다. 3등분은 경험상 가장 좋은 방법일 뿐 크게 중요하진 않다. 가장 중요한 건 질문자가 타로 리더를 믿게 하는 것이다.

6. 질문자가 섞은 덱을 위에서부터 한 장씩 꺼내서 미리 정한 배열법에 따라 순서에 맞게 배열한다

배열은 카드의 뒷면이 위로 오게 하고 배열한다. 배열이 모두 끝난 뒤에 다시 처음부터 순서대로 뒤집는다. 역방향을 사용한다면 타로를 오른쪽에서 왼쪽, 혹은 왼쪽에서 오른쪽으로 뒤집는다. 상하가 바뀌지 않도록 주의한다. 만약 정방향만을 사용한다면 뒤집혀진 카드가 역방향으로 나왔다면 정방향으로 다시 놓는다.

7. 배열법에 나온 카드들을 읽어낸다

타로 카드를 뒤집으면서 하나하나 순서대로 읽어주어도 좋지만, 처음 타로를 대하는 입장에서는 쉽지 않다. 그러니 모든 카드를 바로 놓은 상태에서 각 카드의 상징을 고려해 해석해주는 편이 좋다. 질문자를 너무 오래 기다리게 하는 것은 질문자에게 너무 많은 긴장감을 주기 때문에 좋지 않다. 해석에 대한 첫 이야기가 나오기 시작하는 것은 타로 카드를 모두 뒤집은 뒤에 약 20초 이내에 시작해야 한다.

8. 모든 타로 리딩이 끝났으면 타로 카드를 정리한다

굳이 타로 카드를 0번부터 마지막까지 순서대로 정리할 필요는 없다. 그리고 이미 한번 했던 질문에 대해서는 다시 질문을 받지 않는 것이 좋다.

셔플 Shuffle 하는 법

셔플이란 타로 리딩을 하기 전에 질문에 대한 대답이 나오도록 적당히 섞는 것을 가리킨다. 대개의 경우 섞는 방법은 다음 중에 하나를 선택하면 된다. 선택하는 것은 타로 리더에게 달려 있지만 장단점을 잘 살펴보고 골라야 할 것이다. 일단 습관이 되어버리면 고치기 힘들기 때문이다.

셔플은 대개의 경우 타로 리더가 하는 편이 좋다. 물론 질문자가 섞어도 되지만, 익숙하지 않은 사람에게 78장이나 되는 두꺼운 타로 덱은 다루기 힘든 물건이다. 만약 질문자에게 타로 덱을 맡기게 된다면 타로 덱이 오염될 수 있음은 물론이거니와 하루 종일 셔플을 하고 있는 질문자를 지루하게 바라봐야 하는 경우도 생길 수 있으니 타로 리더가 직접 하는 편이 좋다.

첫번째 방법은 가장 간단하다. 모든 타로 카드를 한 손에 들고 다른 손으로 밑에서부터 조금씩 꺼내서 위로 올리는 방법이다. 이 경우 장점은 일단 사용하기 편하고, 깔끔해 보이는 장점이 있다. 그러나 단점은 역방향을 사용할 경우 카드를 역으로 만들기 위한 여러 번의 뒤집기가 필요하고, 또 카드를 오랫동안 섞지 않으면 카드가 잘 섞이지 않는다. 또 역방향을 사용할 경우 충분히 섞지 않는다면 역방향의 카드끼리 뭉쳐다니는 경우를 볼 수 있다.

두번째 방법으로는 바닥에 모든 카드를 놓고 손으로 펴 바르듯이 미끄러뜨려서 섞는 방법이 있다. 이 방법의 장점은 생각보다 잘 섞이고, 역방향 사용자에게도 무리가 없으며, 질문자에게 카드 뒷면의 반복되는 멋진 그림을 보여줌으로서 어느 정도 신비감을 주어 타로 리딩에 신뢰를 갖게 하는 효과도 있다. 그러나 단점으로는 78장이나 되는 카드를 이런 방식으로 섞으면 아래쪽은 아래쪽끼리만, 위쪽은 위쪽끼리만 뭉쳐다니는 경우도 있다. 그런 경우 위와 아래를 골고루 섞어주어야 하며 시간이 걸리는 편이다. 그리고 마지막에 카드를 정리하는 것도 상당히 번거롭다. 그리고 배열법 천이 없으면 카드가 많이 상하고, 너무 세게 하면 카드의 옆면이 상할 수 있으니 힘의 조절에 주의를 해야 한다. 이 방법은 메이저 카드만을 사용할 때 추천한다.

세번째 방법으로는 트럼프를 섞듯이 하는 것이다. 타로를 반으로 나눠서 양손에 각각 쥐고, 카드를 꺾어 생기는 반동으로 서로 섞이게 한다. 이 방법을 사용하면 카드가 골고루 섞이고, 역방향 때도 편리하게 섞을 수 있다. 한번 카드를 겹쳐지게 퉁긴 다음에 모으는 과정에서 절반을 역방향으로 만들 수 있기 때문이다. 이 방법의 단점은 오랫동안 카드를 사용하게 되면 카드가 특정한 방향으로 휘어진다는 것이다. 그러나 휘어 있는 반대 방향으로 꺾어주면 곧 괜찮아지기도 한다.

개인적으로는 세번째 방법을 추천한다.

배열법 천 사용법

배열법 천을 사용하게 되면 질문자와 타로 리더를 동시에 타로 리딩에 집중하게 하는 역할을 한다. 그리고 타로 덱이 바닥에 긁혀서 손상되는 것과 오염되는 것을 방지한다. 되도록 배열법 천을 사용하기를 권한다. 배열법 천은 일단 촉감이 부드러워야 하고 너무 얇아서 배열법을 펼칠 때 이리저리 쏠리거나 천이 울면 오히려 없느니만 못하다. 따라서 타로 카드가 안정적으로 놓일 수 있어야 한다.

향이나 기타 정신 통일에 도움이 되는 도구들

종종 몇몇 타로 리더들이 향이나 아로마 등의 도구를 사용한다. 이것은 취향에 따라서 사용을 해도 되고, 안 해도 된다. 향이나 아로마를 사용할 경우 마음이 진정되고 집중력 향상에 도움이 되는 것이 사실이다.

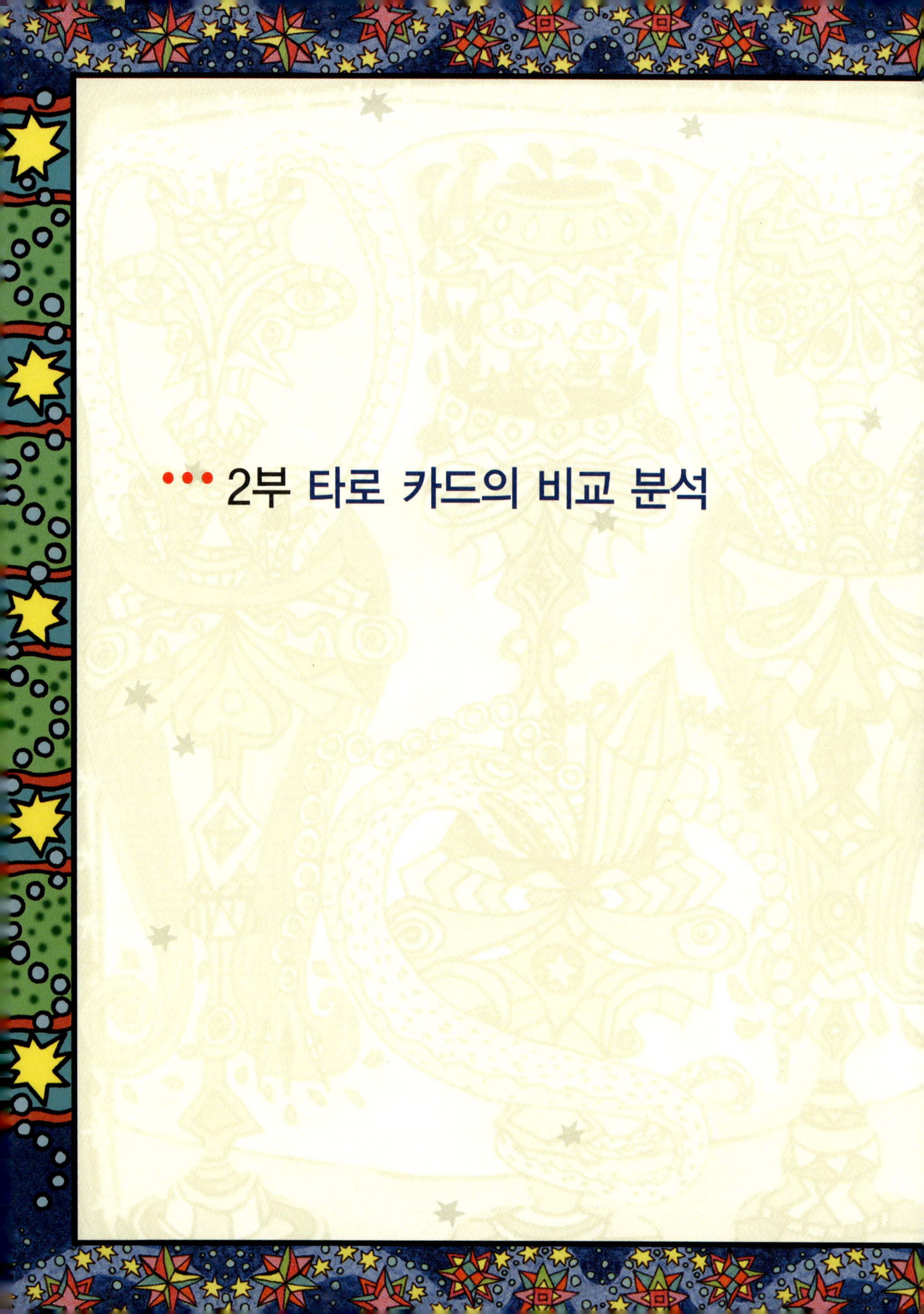

2부 타로 카드의 비교 분석

메이저 아카나 Major Arcana

마이너 아카나 Minor Arcana

광대

The Fool

타로 맛보기

코놀리

문 가든

르네상스

광대는 0번이다. 거의 대부분의 덱에서 1번 앞에 놓여져 있지만 때로는 21번 뒤에, 20번과 21번 사이에 있기도 하다. 0은 숫자로 인정하지 않는 숫자이기도 하다. 시작이자 끝을 의미하기도 한다.

광대는 직설적으로 '시작'을 의미하는 카드이다. 왜 시작이라는 뜻을 가지게 되었을까? 이 질문에 대답하기 전에 생각해봐야 할 것이 있다. 세상을 살면서 과연 우리들은 자신이 하고 싶은 일을 마음대로 할 수 있을까? 우리는 이미 사회적 규범에 따라 어느 정도 일정한 틀 속에 살고 있기 때문에 자신이 원한다고 무엇이든 할 수는 없다. 아마도 광대는 어떤 일이라도 할 수 있다는 용기를 가졌다는 의미에서 시작이라는 뜻을 갖게 된 것이리라.

광대는 후에 트럼프(서양에서는 플레잉 카드playing card라고 한다)의 조커가 된다.

왕정 시대에 광대는 일종의 모사꾼이었다. 그 많은 관료들의 음모를 들으면서 그 이야기들을 조정하고 그 틈바구니에서 살아남아야 하는 것이 광대이다. 그런 와중에서 자신들의 지위를 유지하면서 살아야 했던 그들은 상당한 지식과 지혜가 있고, 또 현명했을 것이다. 그래서 '역설'이라는 단어를 많이 떠올리는 카드 중 하나가 바로 이 카드이다.

광대 카드를 보면 대부분 언덕 위에 서 있는 모습을 하고 있다. 언덕 위에 있다는 것은 언덕 아래 어떤 방향으로든 떠날 수 있다는 것을 의미한다. 종종 광대가 벼랑 위에 있는 것이 발견되는 것은 그가 시작은 할 수 있으나 그 길이 항상 다 좋지만은 않다는 것을 의미하기도 한다. 그러나 그의 얼굴에는 언제나 미소가 떠나지 않는다.

'살려고 하는 자 죽을 것이요, 죽으려고 하는 자 살 것이다.'

그는 그 위험을 두려움으로 인식하지 않고, 전진해나간다. 그렇게 위험을 유연하게 넘겨서 그 시작을 성공으로 이끌어낼 수 있는 것이다.

르네상스 덱에서 광대는 흔히 남루한 복장에 봇짐 하나를 들고 어딘가 불안한 모습(한 짝뿐인 신발)을 보인다. 봇짐은 광대가 무엇인가를 시작할 준비가 되어 있다는 것을 의미한다. 자신이 준비할 수 있는 모든 것을 준비했다. 그러나 한쪽 신발이 없다는 것은 어이없는 실수를 의미한다. 어쨌든 광대는 좋은 시작을 의미하기도 하지만 이처럼 어이없는 실수에 대한 경고도 함께 하고 있다. 약간의 실수로 인한 고생이 조금 있기야 하겠지만 어찌 되었건 간에 일의 시작이니까 좋게 생각하자.

광대 카드의 키워드는 당당한 '시작'이다. 그리고 죽음 카드는 '종결'이다. 그렇다고 해서 죽음 카드가 항상 종결만을 의미하지는 않는다. 종결로 인해서 촉발되는 새로운 시작을 상징하고 있기 때문이다. 그런 의미에서 광대 카드는 스스로 아무 것에도 의지하지 않은 순수한 시작을 의미하는 것이고, 죽음 카드는 종결됨으로써 (그것도 비교적 좋은 종결이라고 할 수는 없는) 필연적으로 시작해야만 하는 상황일 수 있다. 이럴 경우 죽음 카드의 시작은 광대 카드에 있는 태양의 축복이 없기 때문에 그리 평탄한 시작이라고 할 수는 없다.

죽음

마법사

The Magician

타로 맛보기

| 반지의 제왕 | 켈틱 타로 | 르네상스 |

'마법사' 하면 어떤 것이 먼저 떠오를까?

타로의 배경은 일반적으로 중세를 토대로 한다. 평민들은 대부분 농민이나 농노였고, 마법사(연금술사)는 상당히 공부를 한 사람이었다. 고급 신분에 진짜로 마법을 사용할 수 있었다면 그들의 능력은 거의 신에 버금가는 능력이었을 것이다. 고급 마법사들은 세상을 바꿀 정도의 힘이 있다고들 생각했다. 그리고 더 높은 레벨의 마법사가 되면 영원히 죽지 않는 시공간을 초월한 무한한 힘이 생긴다고 여겼다.

라이더 웨이트의 마법사를 보면 그의 머리 위에는 영원하고 무한한 힘을 상징하는 뫼비우스의 띠가 있고, 허리에 감긴 꼬리를 문 뱀도 불멸성과 순환을 의미하고 있다. 그리고 그의 앞에는 세상을 상징하는 사각의 테이블이 있고, 그 위엔 세상의 이런저런 인생의 일을 상징하는 마이너 아카나의 지팡이, 성배, 검, 금화 네 개의 상징이 놓여 있다. 그것이 테이블 위에 있다는 건 그의 능력이 그 모든 것에 다 영향력을 미칠 수 있다는 것이다. 또 마법사의 한 손은 하늘을 향해, 한 손은 땅을 향해 있다는 건 하늘에서 땅을 아우르는 모든 것에 영향을 미칠 수 있다는 것이다. 문 가든의 마법사는 드래곤을 애완동물처럼 다루고 있을 정도이다. 반면에 르네상스 덱의 마법사는 현대의 우리가 생각하는 화학자 느낌의 그림이다. 그러나 그 시절에 저렇게 젊은 사람이 저런 저택의 발코니에서 연구를 할 수 있다는 것은 그만큼 부와 명예가 있는 사람이고, 그것을 뒷받침하고 있는 건 순수하게 자신의 지적인 능력 때문이라는 것을 이해할 수 있어야 한다.

일단 마법사의 가장 큰 의미는 무엇이든지 알고 있는 사람, 능력이 많은 사람이다. 일단 정보를 많이 알고 있으면 경쟁에서 큰 힘이 되는 게 사실이다. 그러므로 마법사는 능력이 많은 사람을 뜻하기도 하고, 사건을 자신의 마음대로 좌지우지할 수 있기도 한다. 그러나 나보다 상대가 똑똑할 경우는 어떻게 될까? 또 그가 나를 속이려 한다면? 그런 경우 '나'는 완전히 속아 넘어갈 수밖에 없다. 그런 경우 마법사는 사기꾼의 의미를 갖게 되기도 한다. 대부분의 초능력자가 사기꾼으로 판명되었다는 것이 이 카드가 사기꾼의 의미라는 좋은 증거가 된다.

어쨌든 마법사는 상당히 좋은 의미를 갖는 카드이기는 하지만 그것이 자신의 손에 있을 때 좋은 카드이지, 남에 손에 있을 때도 좋은 카드는 아니다. 마법사의 경우는 자신의 능력을 과신해서 일을 그르치는 경우도 있으니까 조심해야 한다.

타로 엿보기

마법사 카드와 여사제 카드는 지식에의 추구라는 면에서 비슷한 뜻을 가지고 있다고 할 수 있다. 그러나 차이점은 분명히 있다. 마법사가 자연에서 모든 진리를 찾아낸다면, 여사제는 책 속에서 모든 진리를 찾는 타입이다. 마법사는 남성형으로 묘사되는 경우가 많아서 그만큼 이동이라거나 활동성이 많은 반면에, 여사제는 여성으로서 집안일을 배우고 공부하는 모습이다. 아무래도 똑같이 지식을 탐구하지만, 자연에서, 또 자신이 직접 실험해보고 실패하면서 얻은 지식과 책 속에서 얻은 지식은 서로 차이가 날 수밖에 없다. 어느 쪽이 더 좋고, 어느 쪽이 더 나쁘다는 개념은 아니니까 유의해야 한다. 그저 서로 다를 뿐이다.

여사제

여사제

The High Priestess

타로 맛보기

페어리

켈틱 드래곤

문 가든

이 카드는 대개의 경우 의자에 앉아 있는 여자로 표현되고, 손에는 책을 들고 있거나 토라Tora라고 쓰여 있는 두루마리를 가지고 있다. 그리고 B와 J가 쓰여 있는(없을 수도 있다) 검은색과 흰색의 기둥 사이에 앉아 있는 경우가 많다. 그리고 물을 배경으로 하고 있기도 하다. 지금 덱에서 여사제를 찾아보라. 그중에 하나도 없는 경우는 아마 없을 것이다. 만약 하나도 없다면 상당히 특이한 덱을 가지고 있는 것이다.

그 상징들을 하나하나 살펴보자. 야긴Jachin의 J가 쓰여진 흰 기둥은 긍정적인 삶의 태도를, 보아스Boaz의 B가 쓰여진 검은 기둥은 부정적인 삶의 태도를 의미한다. 그 사이에 여사제가 앉아 있는데 이것은 중도를 걷는 삶을 의미하고 있다. 좀더 자세히 이야기하면 긍정도, 부정도 아니며 감정에 휘둘리지 않고 이성적인 판단에 의해서 중도를 걸으면서 살아가는 삶의 자세를 의미하는 것이다. 손에 들고 있는 토라나 책은 여사제의 높은 지적 수준을 나타내고 있다. 그 책에 따라 판단하고 생각하는 조금은 답답한 사람이다. 그리고 대부분의 덱에서 나타나는 초승달은 여성의 생리 주기와 연결되는 여성성의 상징이다. 기독교 도상학에서는 동정녀 마리아를 나타내는 표상이기도 하다. 그리고 종종 마법사와 비교되는데, 마법사가 외적인 지혜와 활동적인 모습을 나타낸다면, 여사제는 내적인 힘과, 소극적인 모습을 나타내는 경우가 많다. 여사제의 뒤에는 바다(큰 물)가 있다. 물은 감정, 감성을 의미하는데, 이것을 천막으로 가려놓은 모습이다. 이 사람은 냉정하고 도도해 보이지만 사실은 끝없는 푸근함과 감성적인 성격을 가지고 있다. 그러나 자신에게 있는 거대한 감성을 천막으로 가려서 남들에게 들키지 않으려고 하는 것을 의미한다. 그리고 이런 면이 연애를 잘 못 하게 만드는 원인이 되기도 한다. 이 정도가 일반적인 여사제의 모습이다.

하지만 페어리 Fairy 덱에서는 흰색의 기둥도, 검은색의 기둥도 없다. 그 대신 앙크(바벨론 종교의 상징)가 박힌 커다란 책과 그 밑에 눌려 있는 두꺼비가 있고, 여사제 뒤에는 공작새가 있다. 불교 전통에서 공작새의 무늬는 하나하나가 눈을 상징해 수많은 눈들이 사물을 또렷이, 자비심을 가지고 주의 깊게 지켜본다는 뜻이 있다. 그리고 두꺼비는 종종 마법과 삶의 역겨운 측면과 연관되기도 하지만 여기서는 모든 사물에서 신성한 것을 보는 지혜를 상징한다. 즉 무엇인가를 바라볼 때 겉모습에 현혹되지 않고 본질을 꿰뚫어볼 수 있는 능력이나 지혜를 상징하게 된다. 이 덱에 있는 검고 흰 용은 B와 J가 있는 희고, 검은 기둥과 같다.

이 카드가 연애운에 나오면 대개의 경우 짝사랑일 확률이 높다. 여사제의 경우는 좋아해도 좋아한다고 말할 수 없기 때문이다. 위에서도 말했듯이 여사제의 지식과 지혜는 활동성이 없고, 고백할 수 없는 사랑이 된다.

여사제와 여제 카드는 메이저에서 대표적인 여성적 이미지의 상징이다. 하지만 이 두 명의 여성은 서로 너무나도 다르다. 여사제의 경우는 자신의 신분으로 인해 행동에 제약이 많고, 또 그녀 스스로도 그런 제약 속에 있기를 원한다. 그렇기 때문에 조금은 깔끔하면서도 차가운 이미지를 가지게 된다. 그런 반면 여제는 그녀의 행동에 딱히 제약은 없다. 그리고 이미 많은 부와 편안한 가정을 가지고 있다. 그렇기 때문에 그녀에게서 느낄 수 있는 건 편안함과 안락함이다. 이것을 한마디로 알기 쉽게 이야기하면 여사제는 새침한 아가씨의 이미지이고, 여제는 편안한 아줌마의 이미지이다.

여제

여제

The Empress

타로 맛보기

문 가든　　　켈틱 드래곤　　　가디스

　　여제 카드에는 꼭 임신한 여성이 나온다.

　　임신을 했다는 건 옛날에는 노동력과 군사력의 생산이었다. 어쨌든 인구가 한 명 늘면 그만큼 노동력과 군사력이 생겨 이득이었다. 그건 타로에서도 그대로 이어져서 무언가의 소득, 이익을 나타낸다.

　　여제는 대개 풍성한 보리밭, 안락한 소파 위에 비스듬히 앉아 있는 모습으로 표현된다. 풍성한 보리밭은 수확을 눈앞에 둔 넉넉함의 상징이다. 석류의 모양이 종종 눈에 띄기도 하는데, 석류도 역시 여성성의 상징이다. 석류는 봄에 다시 돌아오는 생명과 수많은 씨앗을 갖고 있어서 번식력을 상징한다. 그리고 기독교 전통에서 석류는 창조주의 무한한 사랑을 상징하기도 한다. 어머니의 무조건적인 사랑과도 일맥상통한다.

　　여제의 오른쪽을 보면 시작을 알 수 없는 물의 흐름이 뒤에서부터 앞으로 나와 결국 폭포가 되어 흐르는 것을 볼 수 있다. 이것은 앞의 여사제에서 살펴본 바와 같이 감정의 흐름을 나타내는데, 어머니의 감성, 사랑은 기원을 알 수 없는 곳에서부터 표면까지 다다라서 누구라도 알 수 있도록 폭포가 되어 넘쳐흐른다는 것을 의미한다. 물 없이 풍요로울 수 없음을, 다시 말해서 감정적인 충만 없이는 진정으로 풍요로울 수 없음을 의미하기도 하고 어머니의 끝없는 사랑을 의미하기도 한다.

여제가 머리에 쓰고 있는 12개의 별로 이루어진 왕관은 예수의 어머니인 성모 마리아의 상징으로 모든 어머니의 대변인을 상징하는 것이다.

여제에서는 풍요를 나타내는 보리밭, 임신을 나타내는 여자, 권위를 상징하는 왕관과 곤봉, 여성성을 상징하는 석류와 달, 그리고 편안해 보이는 표정 등이 보인다.

다른 덱에서는 여제가 땅에 앉아 있는 것으로 표현되기도 한다. 모든 풍요의 근원인 땅의 여신으로 상징되는 것이다. 또다른 덱에서는 커다란 의자위에 앉아 있는데 이 의자는 권력을 상징한다. 권력은 황제나 교황에서도 나오지만 각각은 모두 의미가 다르므로 주의한다. 남자가 연애운을 볼 때 여제 카드가 나오면 이상형에 가까운 여자를 만나는 것으로 해석할 수도 있다.

여제의 뜻에 대한 재미있는 해석이 문 가든에 잘 나와 있다. 카드를 잘 살펴보면 여자가 깔고 앉은 뿔이 있다. 이것은 아주 특이한 뿔로 코르누코피아Cornucopia, 즉 풍요의 뿔이라고 불린다. 고대 그리스 신화에서 코르누코피아는 어린 아기였던 제우스를 보살핀 아말테아Amalthea(염소 모양을 한 요정)의 뿔이었는데 나중에 제우스가 그 고마움을 표시하여 무엇이든지 나오는 풍요를 상징하는 뿔이 되었다. 하지만 무한한 풍족은 항상 좋은 의미로만 나타나지는 않는다. 풍족함으로 인한 나태함에 대한 경고일 수도 있다. 이는 여제가 가지고 있는 권력이나 풍족함이 자신의 힘으로 이루어낸 것이아니기 때문이다. 그래서 그 풍요의 가치를 모르고 낭비하거나 사치하는 경향이 있고, 더불어 나태해지거나 방만해지는 경향이 있다.

황제

The Emperor

타로 맛보기

켈틱 드래곤　　올드 잉글리쉬　　시크릿

황제 카드에서 가장 먼저 눈에 띄는 건 역시 위풍당당하게 있는 남자의 모습이다. 황제 카드의 힘은 거의 신과 맞먹고, 또 그 권위는 하늘을 찌른다. 황제라 함은 왕보다 높은 존재이고, 자신이 관할하는 영역 안에서는 신과 동등한 위치의 절대자이다. 하지만 황제는 권력만이 아니라 자신의 사람들을 보살펴야 하는 책임과 의무가 있다.

야트막한 언덕 위에서 한 마을의 젊은 농부가 눈앞에 펼쳐진 광활한 대지를 바라보면서 생각하는 것과, 같은 곳에 서 있는 황제가 생각하는 것은 사뭇 다르다. 사회적 위치가 다르기 때문이기도 하고 원체 타고난 기질 자체가 다르기 때문에, 같은 것을 보고 있으면서도 서로 다른 꿈을 꾸게 되는 것이다. 그리고 황제라는 위치는 누군가에게 자신의 나약한 모습이나 고민과 번뇌를 내보여서는 안 되는 자리이다. 그래서 자신 스스로의 위치는 한없이 외롭고, 기댈 곳 하나 없다. 그래서 황제의 표정은 그다지 밝지만은 않다.

황제가 처음부터 황제는 아니었다. 황제 카드의 주인공은 아버지가 황제였기 때문에 황제의 자리를 물려받았다면 저렇게 표정에서부터 진지하게 나라를 걱정하는 모습이 나올 수 없다. 저 황제는 제일 하층에서부터 나라를 구하고자, 수많은 전쟁과 전투의 포화 속을 헤치고 모든 역경을 겪고 스스로 황제 자리에 올라선 인물이다. 그러한 인물이니 추진력이나, 일을 해결해내는 능력, 리더십들은 발군이라 하지 않을 수 없다. 그리고 자신 스스로가 기존의 권력을 끌어내리고 그 위치를 차지한 사람이기 때문에, 자신이 최고의 위치에 있기는 하지만 언제 자신을 끌어내리려는 사람이 나타날지 모른다는 불안감을 가지게 된다. 그래서 황제 카드는 자신의 위치를 지키려고 하는 보수적인 성향을 띠는 경향이 있다.

또 하나 잊지 말아야 할 것은 위의 내용들과는 상반되는 이야기일지 몰라도, 황제는 아버지의 역할을 하는 카드라는 것이다. 켈틱 드래곤 덱을 보면 이런 아버지의 의미가 아주 극명하게 나온다. 황제로서의 위엄과, 자신의 힘든 모습을 보여줄 곳 없는 외로운 사람의 모습은 온데간데없고, 아버지로서의 푸근함과 편안함만이 남아 있다. 그러나 이것 역시 황제이다. 아버지는 언제나 근엄하기만 한 건 아니니까.

그리고 웨이트의 덱에서도 황제의 의자 뒤로 흐르는 작은 개울은 황제의 감정을 의미하는데, 여제에서 본 너무나도 티 나는 사랑과는 사뭇 다르다. 분명 흐르고 있고, 절대 마르지 않을 물길이기는 하지만, 자신의 겉모습에 의해서 감추어진 감정의 흐름은 마치 아버지의 은근한 사랑을 보여주는 듯하다. 이것은 겉으로는 강한 척하지만 사실은 약하고, 감정을 가지고는 있지만 내보이려 하지 않는 우리네 아버지의 모습과 너무나 닮았다고 할 수 있다.

마법사와 황제는 타로에 나타나는 대표적인 남성이다(교황은 남성이라기보다는 노인이다). 이 두 명의 남성들은 뛰어난 능력을 가졌지만 그 능력의 형태는 많이 다르다. 마법사는 지적인 능력, 황제는 실제적인 힘이다. 권력이라는 표현이 더 잘 맞을 것이다. 만약 현실적인 문제로 도움을 청해야 한다면 마법사보다는 황제가 훨씬 더 많은 도움을 줄 것이다. 예를 들어 교통사고가 나서 문제가 생겼는데 두 명 모두에게 도움을 요청했다면 마법사는 대처 요령과 해결 정보를 주는 반면 황제는 자신이 가진 돈과 권력을 이용할 것이다. 물론 이것은 방식에 대한 이야기일 뿐, 황제가 기존의 법 질서 체제를 무시하는 행동을 한다는 것은 아니다.

마법사

교황

The Hierophant

타로 맛보기

가디스

마르세이유

코스믹

이 카드는 한 명의 교황과 그에게 조언과 축복을 구하는 사람들로 이루어져 있다.

그리고 교황이 쓰고 있는 삼중 관, 삼중 십자가는 그가 교황임을 암시해 주는 증거이다. 삼중 관은 물리적, 지적, 신적인 세 차원을 지배한다는 것을 의미한다. 그리고 3이라는 상징적 표현은 삼중 십자가에도 되풀이되는데, 이것이 삼위일체이다.

교황은 기본적으로 자신의 교리 속에서 사는 사람으로 딱딱하고 융통성 없고 자신의 세계가 뚜렷하지만 주변 사람이 도움을 필요로 하면 언제든지 도와줄 준비가 되어 있다. 이 카드에 열쇠 모양이 자주 등장하는 것도 주변에서 어떤 문제로 도움을 요청하면 언제든지 그 해답이 될 만한 조언을 해줄 수 있는 사람이라는 뜻에서 그러한 상징물이 등장하는 것이다. 물론 그러한 조언을 해줄 수 있을 만큼의 지혜의 소유자라는 건 두말할 나위도 없다. 그러나 현실적으로 봤을 때 교황의 실제적인 행동력은 그리 크지 않다.

조언자이며 큰 권위를 가진 사람으로 황제 카드와 비교해봤을 때 가장 크게 다른 점은 역시 그 행동력의 차이다. 교황은 실제적으로 자신이 앞장 서서 무언가 일을 처리하여야 할 때에 상당히 약한 모습을 보여서 실망스럽 게 만들곤 한다. 게다가 자신은 경전 속에서만 살고 있기 때문에 유행에 둔 감하고, 고리타분한 이야기만 하기 일쑤이다.

교황은 전통적인 관계를 의미하고, 가장 전통적이며 결속력이 강한 결 혼을 의미하기도 한다. 그래서 가디스 덱에서는 교황 역할을 결혼의 여신인 주노(또는 헤라)가 맡고 있다. 또한 교황의 직업을 생각하더라도, 교황은 결 혼을 주관하는 사람이기도 해서 연애운에서 으레 결혼이나 혹은 결혼을 전 제로 한 만남에 대한 이야기가 자연스럽게 떠오른다. 5는 피타고라스 학파 의 관점에서 여성의 수 2와 남성의 수 3의 합이기 때문에 결혼의 수라고 생 각했다는 것과도 일맥상통한다고 할 수 있다.

결론적으로 조금은 답답한 사람이기는 하지만 그래도 정도에서 벗어나 지 않고 도덕적이며 지혜도 많고, 좋은 조언을 많이 해주는 사람이다.

황제 카드와 교황 카드는 둘 다 권력에 대한 점에서 공통점을 가지고 있다. 그러나 역시 이 둘도 그 권력의 모양이나 형태가 서로 다르다. 황제는 말 그대로 권력을 가 지고 있다. 실제적인 힘을 가지고 있는 것이다. 그러나 교황은 실제적이지는 않지만 큰 권력을 가지고 있다. 실제적이지 않은 큰 권력은 종교적이거나 정신적인 것을 이야기한다. 가령 교통사고로 문제가 생겼을 경우에는 오히려 사고를 일으켰다고 잔소리만 듣게 될지도 모른다. 그러나 복잡한 마음을 안정시키기 위해 누군가를 찾 아가야 한다면 정신적인 지주가 되어줄 수 있는 교황 쪽이 더 좋다.

황세

연인

타로 맛보기

시크릿

마르세이유

스텔라 가오루코

연인 카드는 사랑에 대한 카드이다.

처음부터 강조해왔지만, 타로는 역설의 연속들이다. 정말 많은 역설들이 있는데 연인 카드도 마찬가지이다. 물론 이 카드는 역설이라기보다는 사람들이 흔히 간과하는 내용이라는 것이 더 맞는 말이겠지만 말이다.

연인 카드가 서로간의 사랑을 의미하는 것은 틀림없지만, 그게 반드시 적절한 관계만을 나타내지는 않는다. 쉬운 예로 많은 사람들에게 타로 카드의 존재를 알린 일본의 애니메이션 〈에스카플로네〉가 그렇다. 주인공 칸자키 히토미가 타로 리딩을 하면서 연인 카드로 이웃 나라의 왕자가 알렌쉐자르와 밀레나 공주 사이의 불륜에 의해 태어난 사람이라는 것을 알아낸다. 이런 해석이 가능하겠는가? 당연히 가능하다. 연인 카드는 사랑의 이야기이긴 하지만 그 사랑이 반드시 적절한 관계를 의미하는 건 아니다. 왜냐하면 연인 카드에서 인간의 결혼이란 한낱 계약에 불과할 뿐, 사람이 다른 사람을 좋아하고 사랑하는 마음과는 전혀 별개의 것이기 때문이다. 그래서 연인 카드는 삼각관계나 불륜을 의미하는 경우가 꽤 많다.

어느 정도로 많은가 하면, 연인 카드를 크게 두 개로 분류할 때 여자가 한 명 나오는 경우와 여자가 두 명 나오는 경우가 있을 정도이다.

대표적인 예는 시크릿Secret 덱의 연인을 들 수 있다. 한 명은 정숙한 여자, 또 한 명은 활달한 여자. 이렇게 두 명이 나온다. 남자는 둘 중에 한 명을 선택해야만 하는 상황인 경우가 많다. 그럴 때 정숙한 여자는 부인을, 그렇지 않은 쪽은 제3의 여인이 된다. 하지만 연인 카드는 그 대상이 누구인가는 관계가 없다. 그 여자가 부인인지, 그렇지 않은지는 사람에게 달린 문제이지 대답을 하는 카드 입장에서는 그냥 똑같이 사랑일 뿐이다. 그래서 가끔은 이 카드가 기존의 연인 이외의 사람으로부터 오는 유혹이라는 뜻을 가지기도 한다.

그리고 또 하나, 일반적으로 두 명의 연인을 동시에 가질 수는 없다. 그런 이유로 이 카드는 어느 하나를 선택해야 하는 상황에 처한다는 의미를 가지게 된다. 그 둘 중 하나를 선택해야 하지만 그 선택이 쉽지만은 않을 것이다.

때로는 유혹이라는 의미에서 종종 좋은 제안을 받는 경우도 있다. 이럴 때는 상당히 좋은 의미로 해석된다. 이 두 가지 의미를 합쳐서 이미 기존의 선택이 있었지만 새로운 더 좋은 제안 때문에 어느 쪽을 선택해야 하는지 고민을 하게 되는 경우도 있다.

운명의 수레바퀴

탑

전차

The Chariot

타로 맛보기

문 가든

로리히 타로

페어리

전차 카드는 어떤 일이 잘 풀려간다는 뜻이다. 특히 사업운에서 이 카드가 나오면 더할 나위 없이 좋다고 보면 된다.

이 전차 카드는 그리스 로마 신화의 태양의 신 아폴로를 기반으로 하고 있는데 아폴로는 매일 태양을 실은 전차를 타고 하늘을 날고 있는데, 타로 카드에서 이 모습을 상징화시켰다. 그래서 그의 전차에는 새벽의 별과 날개 달린 태양의 상징이 있다.

스핑크스는 인간의 모든 지혜를 상징한다. 검은 스핑크스와 흰 스핑크스의 모습은 마치 여사제의 두 기둥을 보는 듯하다. 역시 이 스핑크스들도 기둥의 의미와 일맥상통한다.

그리고 전차는 한 사람이 더 높은 자리(황제의 경우)에 오르기까지 고군분투하는 모습을 담고 있다. 한 가지의 가능성이겠지만 이 전차의 주인공은 황제의 젊었을 때의 모습일 수 있다. 이제 어떤 이미지의 카드인지 느낄 수 있겠는가? 어떤 일이든 진취적으로 앞장서서 처리해나가는 모습들이 말이다.

전차의 주인이 앞으로 나아가기 위해서 꼭 해야 하는 것이 있는데, 두 마리의 스핑크스 힘을 잘 분배해서 앞으로 나아가게 하는 것이 그것이다. 일반적인 쌍두마차를 끌 때도 양쪽 말의 힘을 잘 분배해야 하는데, 사업을 이끌어가는 입장에서 긍정, 부정적인 미래관을 적절히 조절해서 앞으로 나아가야 하는 것은 당연할 것이다. 그런데 우리가 흔히 놓치는 것은 속도에 현혹되어 주변의 풍경들을 다 돌아보지 못한다는 것이다.

이 카드는 사업상의 성공이나 이익을 나타내기도 하지만 때로는 사업적인 분쟁이나 곤란을 의미하는 경우도 있다. 이 경우는 자신에게 그 책임이 있는 경우가 많은데, 그 이유는 빠른 속도에 현혹되어서 주변을 둘러보는 것에 소홀했기 때문이다. 주변 사람들의 의견도 듣고, 자신 이외의 다른 사람들에게도 신경을 쓰면서 움직여야 하는데 그렇지 않고 앞만 보며 전진하기 때문에 위태로워질 수 있다는 것을 의미한다.

또한, 이 의미는 인간관계에서도 똑같이 나타날 수 있는데, 자기 자신만 생각하는 이기적인 생각과 행동으로 주변 사람들과의 불화를 일으킬 수 있음을 의미한다. 이 카드가 경고나 혹은 좋지 않은 위치에 나왔을 때는 주변 사람들에게 좀더 신경을 써야 한다고 이해하면 된다.

황제

황제와 전차는 둘 다 남성의 진취적인 성향을 의미하며, 자신의 주장에 따라 자신의 주변을 변화시킬 수 있을 정도의 추진력을 의미한다. 이렇게 비슷한 이 두 카드는 어떠한 한 점에 가면 서로 의미를 달리하는데, 그것은 기존의 규칙을 준수하느냐 그렇지 않느냐의 차이이다. 황제는 이미 자신이 체계를 만들고 구축해서 안정화시켜놓아서 자신의 생각에 반하는 행동을 싫어한다. 그러나 전차는 자신의 생각이 그렇게 강력한 힘을 낼 수 없다. 말하자면 전차는 기존의 체제를 전복해서 자신의 체제를 만들고 황제가 되는 것이 목표인 것이다. 그러니 한쪽은 지키기를 한쪽은 변화시키기를 바라는 것이다.

힘

Strength

타로 맛보기

스텔라

코놀리

원더랜드

힘 카드는 역설을 꿰뚫어볼 수 있는가, 없는가가 중요한 카드이다.

힘 카드는 흔히들 물리적인 힘을 의미하는 것처럼 보일 수 있지만 사실은 일종의 함정이다. 만약 이 카드가 그런 물리적 힘이 주요한 의미였다면 이 카드의 이름은 포스Force가 되어야 할 것이다. 그러나 이 카드가 힘Strength인 이유는 그 힘의 근원이 물리적 힘이 아니라는 데 있다.

라이더 웨이트의 힘 카드 그림을 보면, 부드러운 이미지의 여자와 힘이 세어 보이는 수사자가 있다. 물리적 힘만으로 보자면 수사자가 그 여자를 제압하는 건 마치 어린아이의 손목을 비틀어 사탕을 빼앗아먹는 것보다 쉬워 보이지만 그림에서 제압당하는 건 여자가 아니라 수사자이다. 수사자의 힘이 모자라서가 아니라는 건 명백하다. 수사자는 자신의 의지로 그 여자에게 복종하고 있는 것이고, 그 여자는 힘이 아니라 부드러운 포용력으로 그 수사자를 감싸 안아 복종시켰다고 생각하는 편이 더 타당하다. 그리고 이것이 진정한 힘이라 할 수 있는 것이다.

삼국지의 유비를 생각해보면 쉽게 이해가 될 것이다. 유비는 자신의 힘으로 사람들을 제압한 것이 아니라 포용력으로 자신을 스스로 따르게 한 것이다.

힘 카드는 그러한 포용력을 의미하고, 여자의 머리 위에 있는 뫼비우스의 띠는 무한한 능력을 상징하는데, 물리적 힘을 무한한 힘이라고 생각하기는 힘들다. 반면에 포용력이나 정신적인 힘의 경우는 한계를 가늠할 수 없는 끝없이 무한한 힘이다. 어쩌면 저 무한대를 상징하는 표시는 이 힘이 물리적인 힘이 아니라 정신적인 힘이라는 것을 알려주기 위한 힌트가 아닐까?

참고로 저 무한대 표시가 나와 있는 다른 카드는 마법사와 여사제인데 둘 다 물리적 힘과는 거리가 아주 멀다. 물론 모든 타로 덱이 이런 의견을 반영하고 있지는 않다. 켈틱 타로 덱 등에서는 강력한 힘이나 호각을 이루는 힘의 경쟁들을 의미하기도 한다.

어쨌든 이런 의미들과는 별개로, 이 카드는 추진력을 나타내지만 더 정확하게 말하자면 의지력이다. 무언가를 이루고자 하는 정신적인 응집력을 나타낸다고 할 수 있다. 이런 힘 역시 물리적 힘과는 별개이며 무한하다고 할 수 있는 힘이다. 또 용기와 자신감을 의미하기도 한다. 아무리 자신이 포용력을 가지고 있다고 해도, 젊은 여자가 사자의 옆에 태연자약하게 서 있는 건 굉장한 용기가 필요하고, 또한 상당한 자신감이 없다면 불가능한 것이다.

참고로 원더랜드 덱에서 유니콘은 여성을 상징하고, 사자가 핥고 있는 것은 발이라기보다는 손에 가깝다고 할 수 있다. 옆에 있는 웨이트와 비교해 보면 이 이미지가 사실은 웨이트 덱의 패러디에 가깝다는 것을 알 수 있다.

전차와 힘 카드는 둘 다 자신감과 추진력, 용기 들을 의미한다. 그러나 그 둘의 추진력은 약간의 차이를 보이는데 주변 사람들에게 어떻게 대하는가가 포인트이다. 전차는 달려나가는 속도가 너무나 빨라서 주변에서 누가 무엇을 하는지, 무엇이 지나가는지 별로 관심이 없다. 관심이 없다기보다는 관심을 쏟을 힘도 남아 있지 않은 것이다. 그래서 자신의 주장만을 내세우다가 주변의 사람들과 불화를 만들기도 한다. 그러나 힘은 다르다. 힘은 그 자체로 주변에 대한 포용력을 강조하고 있는 카드이다. 그래서 주변에서 어떤 조언이나 충고가 있다면 그 의견에 관심을 가지고 귀기울여 주변과의 충돌을 미연에 방지한다.

전차

은둔자

The Hermit

타로 맛보기

| 놈 | 문 가든 | 르네상스 |

은둔자는 자신의 삶 속에서 자신이 하고 싶은 일만을 위해 움직이는 사람을 의미한다. 그 밖의 것에는 별로 관심이 없는 사람이다.

이 사람이 조언자의 역할을 하게 될 때는 소위 판타지에서 말하는 현자의 모습으로 나타나게 된다. 〈스타워즈〉에 나오는 '요다'가 은둔자와 가장 잘 어울린다.

은둔자는 모든 일들에 대해서 답 대신 조언을 해준다거나 답의 힌트를 제시해준다. 은둔자는 활동성이 그리 크지 않은 카드이기 때문에 역시 활동을 필요로 하는 직접적인 도움은 기대하지 않는 편이 좋다.

은둔자가 자신을 나타내는 카드로 배열법에 나타날 경우엔 반드시 좋은 상황이라고 볼 수만은 없다. 자신의 일을 묵묵히 해나가는 모습에서 매력을 느낄지도 모르지만 사실은 인간관계에 익숙하지 않은 외톨이이거나 연애를 잘 못하는 경우가 많다. 왜냐하면 자신의 영역을 줄이고 그 남겨진 영역을 연인으로 채워야 하는데, 은둔자는 자신의 영역을 줄이는 일을 싫어하기 때문이다. 게다가 자신의 소신을 굽히는 것을 싫어해서 상당한 고집을 가진 사람일 수도 있다.

이 카드에 나오는 상징들은 간단하고 단순한 경우가 많고, 또한 특별히 특이한 상징들도 잘 나타나지 않는 타입의 카드이다. 항상 나오는 상징으로는 거의 예외 없이 등불 혹은 호롱불을 들고 있다. 그리고 그 등 안에서는 빛이 나오고 있고, 그 빛은 별 카드의 의미와 일맥상통하고 있다. 은둔자는 희망을 찾아 언제나 앞을 밝히면서 자신의 길을 걷고 있는 카드이기 때문이다.

대개 도포를 입고 있는 할아버지의 모습으로 묘사되고 있는데 이것은 그 사람의 지식과 지혜가 많은 경험과 많은 시행착오에 의해서 얻어진 산물임을 상징한다.

특히 르네상스 덱의 은둔자는 일반 은둔자의 모습이라기보다는 자유인, 자연인의 모습을 보이고 있다. 처음에는 그 모습에 조금은 의아한 생각도 들었지만 자신만의 길을 가는 사람, 사회의 규범에서 자유로운 사람이라는 의미로 해석해보면 어느 정도 이해가 간다.

이 카드가 배열법에 나왔을 때 자신을 나타내는 카드에 나오면 주변의 인간관계에 소홀한 것이 아닌지, 자기 생각만 하는 건 아닌지 생각해보는 것이 좋다. 다른 사람의 위치에 이 카드가 나온다면 주변에 조언을 구할 만한 사람이 있는지 찾아보는 것이 좋겠다. 주변에 반드시 자신을 도와줄 사람이 있을 것이다.

좋은 조언자라는 입장에서 이 둘은 서로 거의 비슷하다. 그러나 똑같은 질문을 이 둘에게 했을 때 돌아오는 대답은 완전히 다를 수밖에 없다. 만약 공부가 너무 안 되서 공부가 나의 길이 아닌지도 모르겠다는 상담을 청한다면, 교황은 학생의 본분은 공부이니 열심히 해야 한다는 교과서적인 이야기를 해줄 것이다. 그러나 은둔자는 공부만이 전부는 아니니 네가 하고 싶은 일을 하면 너의 재능을 살릴 수 있다고 할 것이다. 왜냐하면 은둔자 역시도 제도권 내에서의 교육이나 관습들을 피해 자신만의 길을 찾는 사람이기 때문이다.

교황

운명의 수레바퀴

Wheel of Fortune

타로 맛보기

르네상스

안사타

아프리칸

운명의 수레바퀴 카드를 살펴보면, 위쪽에는 스핑크스가 있고 오른쪽에는 아누비스가 왼쪽에는 뱀이 있다. 스핑크스는 인간, 황소, 사자, 독수리의 4대 원소(물, 흙, 불, 금속)를 상징하는 네 짐승을 결합한 것으로 인간의 모든 지혜를 상징하고, 이 네 개의 원소는 이 카드의 각 모서리에도 있어 인간계에서 일어나는 모든 사건들을 의미한다. 즉 각각 마이너의 성배, 금화, 지팡이, 검을 상징하는 것이다.

아누비스는 이집트에서 죽은 자들의 수호신으로 자칼Jackal의 모습을 하고 영혼을 그의 보호 아래 지하세계와 천상을 다스리는 오시리스Osiris의 심판석까지 안전한 통과를 보장하는 신이다. 왼쪽 아래에 있는 뱀은 진정한 인간으로서의 시작을 의미하고, 이것은 아담과 이브의 이야기에서 인간이 신에 가까운 존재로서의 모습을 포기하고 물리적인 생식을 해야 하는 인간이 되는 것에 기인한다.

그래서 이 카드는 인간이 인간으로서 태어나고(영적인 존재이거나 다른 것에서 진정한 인간으로), 인간으로서 살아가는 동안 여러 가지 많은 일들을 겪다가 결국 죽어서 다시 인간으로 태어나는 일종의 윤회를 상징하고 있다고 할 수 있다.

카드의 가운데를 차지하고 있는 원을 살펴보면 12시 방향에 T가, 3시 방향에 A, 6시 방향에 R, 9시 방향에 O가 쓰인 것을 발견할 수 있는데 이것은 12시부터 시계 방향으로 읽어 내려가면 다시 12시에 이르러 'TAROT(타로)'라는 단어가 됨을 알 수 있다. 이것 역시 처음 시작으로 다시 돌아와서 하나로 완성되는 윤회를 상징한다.

그 외의 상징으로는 22장의 메이저 카드와 연결되는 히브리 문자들과 지구를 둘러싸고 있는 행성들을 뜻한다. 이것 역시 윤회를 상징한다.

물론 이 카드가 윤회만을 상징하는 것은 아니다. 이 카드는 시작점으로 다시 돌아와서 완성이 되는 TAROT라는 단어를 봐서도 알 수 있듯이 이미 처음 출발하면서부터 끝에 완성되는 곳까지를 모두 알고 있다. 이미 모든 것은 정해져 있다는 의미로 운명이라는 의미도 내포하고 있는 것이다.

운명의 수레바퀴는 중립적인 카드이다. 이 카드 하나만으로는 이 카드가 좋은 의미를 가진 것인지, 아니면 나쁜 의미를 가진 것인지 확인할 방법이 없다. 이 카드가 배열법에 나타났을 때는 주변의 카드가 중요한 의미를 갖게 되는데, 이 카드의 도움으로 주변 카드가 한계까지 밀어올려지는 것이다.

모두 종결을 뜻한다. 운명의 수레바퀴는 잠깐 쉬어가는 종결이다. 결국 운명의 수레바퀴는 계속 굴러서 전체의 거대한 프로젝트를 진행해야 하지만 어쨌든 작은 결말을 볼 수 있다. 죽음은 예기치 않은 종결이다. 원하지 않았는데 자신, 주변의 영향으로 강제적으로 종결되거나 종결할 수밖에 없는 상황에 놓이는 것이다. 그래서 그 결말이 썩 좋지만은 않다. 세계는 대단원의 막이다. 조금 전에 이야기했던 운명의 수레바퀴가 다루고 있던 거대한 프로젝트가 순조롭게 완료될 때 볼 수 있는 카드가 세계이다.

죽음

세계

정의

Justice

타로 맛보기

코놀리

켈틱 드래곤

로리히 타로

정의 카드에 나오는 이 정의의 여신상 디케Dike는 희랍 신화에 나오는 정의의 여신으로 한 손에 저울을, 다른 한 손에는 칼을 쥐고 있다.

여기서 저울은 개인 간의 권리 다툼을 해결하는 것, 칼은 사회질서를 파괴하는 자에게 제재를 가하는 것을 의미한다. 그런데, 시비 선악을 판별하여야 할 정의의 여신상이 두 눈을 안대로 가리고 있는 것은 정의를 실현하기 위해서는 어느 쪽에도 기울지 않는 공평무사한 자세를 지켜야 함을 상징하는 것이다. 타로에서도 이런 정의의 여신의 모습은 크게 다르지 않다.

정의 카드의 주인공이 들고 있는 저울은 사람들의 죄의 무게를 재는 역할을 하는데, 이집트 신화 중에서 따오기의 머리를 하고 있는 지혜의 신인 토트의 신화에 따르자면 한쪽에는 죽은 자의 심장을 한쪽에는 진실의 깃털을 올려놔서 그 기울어짐으로 죄의 경중을 판단한다고 한다. 이런 상징들을 잘 보여주는 코놀리Connolly 덱을 보면 떨어지고 있는 깃털을 볼 수 있고, 위치스Witches 덱에는 심장과 깃털의 모습이 정확히 묘사되어 있는 것을 볼 수 있다.

정의 카드는 공정한 판결을 한다는 의미가 강해서 다른 주변의 상황에 휩쓸리기보다는 자신만의 주관에 따라 공정한 판단을 내리게 된다는 의미로 많이 쓰인다. 또 연애운을 보는 배열법에서 이 카드가 나타나면 좋은 친구를 나타내는 경우가 많다. 남녀 간의 사이에서 어느 쪽으로도 치우치지 않고 정도를 걷는 관계라면 역시 좋은 친구 관계가 되는 것이다. 이 카드는 많은 면에서 심판 카드와 유사한 점이 많다.

이 카드는 특히 자기 자신을 나타낼 때는 자신의 주관이 뚜렷하다는 의미로도 사용될 수 있는데, 이럴 때의 주관이 뚜렷하다는 것은 앞에서 은둔자의 고집이 세다거나 전차의 주변 상황에는 신경도 쓰지 않는다는 것과는 매우 다른 의미이다. 자신의 주관이 뚜렷하지만 주변도 돌아볼 줄 알고, 이유 없이 괜한 고집을 부리지는 않는다. 다만 옳고 그름이 뚜렷할 뿐이다.

전차

절제

타로 엿보기

모두 균형을 요구하는 카드이다. 그러나 그 세 카드의 균형은 조금씩 다른 의미를 가지게 된다. 전차는 주변의 조건들을 자신이 원하는 방향으로 이끌어가기 위해서 힘 조절을 하는 균형이다. 두 마리의 말을 한 방향으로 가게 하기 위한 균형인 것이다. 정의는 일도양단의 균형이다. 사과 하나를 두 명이 나누어 먹어야 할 때 정확하게 가운데를 잘라서 둘에게 나눠주는 그런 균형인 것이다. 절제는 섞음의 균형이다. 더운물과 찬물을 서로 섞어서 균형을 맞추는 균형이다. 가족간의 화합이나, 친구 간의 우정은 이렇게 서로 양보하고, 아껴주는 균형인 것이다.

매달린 사람

The Hanged Man

타로 맛보기

엘리트

문 가든

챔프

어떤 사람이 타로에 대해서 최소한의 지식을 가지고 있는가, 없는가를 판단하고 싶을 때 사용하는 카드가 이 매달린 사람과 다음에 나올 죽음 카드이다. 타로에 대해서 아주 가볍게 써놓은 잡지들이나 잘 모르는 사람들이 이 카드를 '교수형에 처한 사람'이라고 곧잘 표현하는데 이런 식으로 알고 있는 사람이라면 그 사람은 타로에 대해서 진지하게 접근해본 적이 없는 사람이라고 생각해도 무방하다.

매달린 사람은 '교수형에 처한 사람'이라는 말이기는 하지만 사실 카드를 자세히 들여다보면 그 사람이 묶여 있는 것은 '목'이 아니라 '발목'이기 때문에 조금 괴로울지는 몰라도 죽지는 않는다. 결코 '교수형을 당하다'라고 표현해서는 안 된다.

그리고 한 걸음 더 나아가서 이 카드에 타로의 역설을 도입해보면 더 많은 뜻들을 알아낼 수 있다. 매달린 사람은 발목이 묶여 있어서 어디로도 움직일 수 없으며 실제로 할 수 있는 일은 아무것도 없어 보인다. 그러나 그의 얼굴은 괴로움보다는 평온함이 깃들어 있고, 그것으로 미루어 어쩌면 그 사람은 스스로 원해서 묶여 있을지도 모른다는 생각까지 들게 한다. 진짜로 아무것도 할 수 없게 수족이 묶여 있는 사람이 저렇게 편안한 얼굴로 매달려 있을 수 있을까?

매달린 사람이 할 수 있는 것이 무엇이 있을까 생각해보면 문제는 더욱 쉽게 풀린다. 그 사람은 매달린 채로 눈을 뜨고 주변을 볼 수 있고, 비록 손발은 묶여서 아무것도 할 수 없지만 머릿속으로는 무수히 많은 생각을 할 수 있다. 어쩌면 이 상태에서 벗어나서 할 수 있는 여러 가지 일들을 계획하고 있을지도 모른다. 너무 빨리 변해가는 주변 상황에서 벗어나 잠시 휴식을 취하거나 명상을 위해 매달린 상태를 스스로 원했던 것일지도 모른다.

결국 이 카드는 마치 알 속에서 태어날 때를 기다리며 자신을 성숙시키는 것처럼 자신 스스로를 내부로부터 발전시키는 모습과 더불어 주변 상황을 꼼꼼하게 따져봐야 한다는 필요성을 상징하고 있는 것이다.

매달린 사람에 자주 나오는 상징으로는 특이하고, 공통적인 다리 모양이 있는데 마치 영문자 P와 닮은 그 다리 모양은 룬문자 운조Wunjo의 모습으로 침묵의 대표적인 표현이다. 나비가 되기 전의 번데기의 형태를 의미하는데, 그 외에 문 가든 덱의 매달린 사람에는 몇 개의 룬문자가 더 나타나 있다. 이사Isa와 퍼스Perth, 오딘Odin이 그것이다.

이사는 원시적인 얼음, 근본적인 문제를 상징하고, 뒤로 물러섬, 내부적인 자기 성찰의 필요성, 얼음의 맑고 견고한 특성을 의미한다. 퍼스는 제비, 주사위 컵들을 상징하는데 이것은 내부에서의 변형적인 힘, 사물의 안정성과 견고함, 질문에 관련하여 비밀이 감춰져 있음을 상징하고, 주로 발전적인 의미를 가지고 있으며, 건강의 회복과 침체로부터의 발전, 과거의 올바른 행동의 결과로 혜택을 받는 것을 의미한다. 오딘은 아무것도 쓰여 있지 않은데, 이것은 절대의 잠재적인 심연을 상징한다.

죽음

Death

타로 맛보기

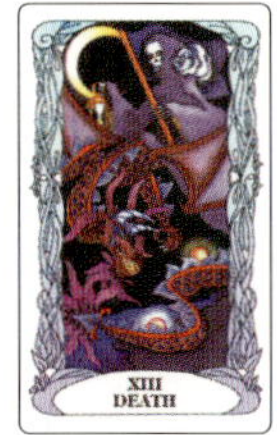

문 가든

코놀리

올드 패스

죽음 카드는 앞서 설명한 대로 타로에 기본적인 지식이 있는지, 없는지를 판단하는 데 사용된다. 즉 죽음 카드를 보면서 죽음을 떠올리면 안 된다. 죽음 카드는 결코 죽음을 나타내는 카드가 아니기 때문이다(물론 때로는 죽음을 의미하기도 하지만, 그 경우는 아주 적다).

죽음 카드를 보면 대부분 해골의 얼굴 모습을 한 사람이 한 명 있고, 손에는 무시무시해 보이는 큰 낫을 들고 있어서 보는 사람으로 하여금 끔찍한 생각을 하게 만든다. 이 사람은 사신으로도 보이긴 하지만 사실은 그리스 로마 신화에 나오는 '크로노스Kronos', 시간의 신이다(그래서 여러 타로 덱에서 죽음 카드 근처에 모래시계가 있음을 확인할 수 있다).

크로노스는 자신의 아내가 자식을 낳는 족족 먹어버렸다. 그리고 그중 막내는 아내가 몰래 살렸는데, 그가 바로 제우스Zeus이다. 제우스는 먹혀버린 형제자매를 되살리기 위해서 크로노스에게 약을 먹여서 토해내게 한다. 죽었다고 생각했던 제우스의 형제자매들은 모두 태어났을 때의 모습 그대로 크로노스의 뱃속에 있었다. 죽음 카드는 그래서 죽음이긴 하지만 진짜 죽음이 아닌 의미를 가지게 되는 것이다.

　라이더 웨이트 덱을 먼저 살펴보면, 흰 말을 타고 온 죽음의 사자가 왕을 죽이고 교황 앞에 서서 길을 비켜줄 것을 요구하고 있다. 그 옆에는 철부지 어린아이가 꽃을 들고 앉아 있고, 이미 모든 힘이 빠져버린 것처럼 보이는 여인이, 그리고 뒤에는 태양이 떠오르고 있다.

　타로 카드를 영화 필름 중 한 컷이라고 생각하면 그 한 장은 앞과 뒤의 스토리를 가지게 되고, 때로는 그 정지된 그림보다는 앞의 일, 혹은 뒤의 일이 더 중요하게 되는 수도 있다. 이 카드도 그중 하나로 이 다음 상황이 어떻게 전개될 것인가가 중요하다. 떠오르는 태양은 밝은 미래를, 꽃을 들고 있는 아이는 미래에 대한 희망을, 힘이 빠진 여인은 대지의 헐벗음을 상징하고 있다.

　문 가든 덱 역시 중앙에 커다란 용을 타고 있는 사신의 모습을 볼 수 있다. 그런데 대부분의 사람들이 사신이 들고 있는 깃발의 흰 장미 속에 작은 문양을 지나치지 않았다. 즉 그 문양이 이 카드를 읽어내는데 꼭 필요한 상징이라는 것이다. 그 상징물인 헤카테Hekate는 그리스 신화에 나오는 여신으로 달의 여신, 대지의 여신, 지하의 여신 등 세 여신이 한 몸이 된 여신으로 천상, 지상, 지하에서 힘을 발휘하며 부를 가져다주는 신으로 알려져 있고, 이 카드에 나온 헤카테는 그 세 여신 중에서 죽은 자의 영혼을 이끌어주는 지하의 여신 모습을 하고 있다. 늙은 마녀의 모습으로 어린아이를 가슴에 안고 있는 모습은 순환, 환생의 상징으로 모든 죽음이 또다른 생명의 탄생으로 연결되어지는 순간을 상징한다. 또 사신의 왼쪽에 모래시계가 있는 것을 볼 수 있는데, 이것 역시 모든 일의 끝이 새로운 시작과 연결되어 있음을 상징하는 것이다.

　이처럼 죽음 카드는 끝을 기점으로 한 새로운 일의 시작을 의미한다. 그래서 변화라고 보는 시각도 있지만 변화보다는 어떤 일의 종결과 그에 따르는 새로운 일의 시작이라고 보는 편이 더 합리적이다.

절제

Temperance

타로 맛보기

문 가든

르네상스

켈틱 드래곤

절제 카드는 초급자가 어려워하는 카드들 중에 하나인데, 개념 정리만 잘해두면 그리 어렵지 않게 해결할 수 있다.

일반적인 절제 카드를 살펴보면 중요한 상징으로는 두 개의 잔과 섞이고 있는 물(혹은 따라지는 물)이다. 물이 감정에 대응된다는 것은 널리 잘 알려진 사실이고, 이 물을 해석해낼 수 있다면 절제 카드는 쉽게 공략이 가능하다. 이 잔들 속에 담겨 있는 물 하나는 더운물이고, 다른 하나는 찬물이다. 더운물은 열정적인 감정의 상태이고, 찬물은 냉정하기 그지없는 상태이다. 이 두 상태를 하나로 모아서 안정적인 감정 상태로 만드는 것이 절제이다. 그리고 이러한 형태의 이미지는 이 그림이 그려질 당시의 풍습에서 유래된 것으로, 원래는 농도가 짙은 포도주에 물을 부어 농도를 적당히 조절하던 것에서 유래했다고 한다. 이 또한 절제 카드의 의미에 적당한 하나의 예가 될 수도 있을 것이다.

절제라는 것은 활동적인 상태에서 비활동적인 상태가 되는 것만을 의미하지는 않는다. 비활동적인 상태에서 활동적인 상태로 변하는 것 역시 절제이다. 활동성과 비활동성이 중간 지점에서 만나 적당한 활동성을 가지게 되는 것이 진정한 절제인 것이다.

라이더 웨이트 덱의 절제를 보면 머리에는 태양의 상징이, 가슴에는 사각형 안에 삼각형이 있는데, 태양은 능동적인 활동을 상징하고 가슴의 사각형은 안정된 상태를 나타낸다. 그리고 그 안의 삼각형은 지팡이와 대응되는 불의 상징인데, 안정된 상태 안에서도 창조력과 활동력이 내재되어 있음을 상징한다고 할 수 있다.

이런 상징들로 미루어보아 절제 카드는 활동적인 상태에서 숨을 죽이는 '절제'만을 표현하고 있는 건 아니고, 안정되고 정지된 상태 속에서도 내재된 활동성 역시 잘 표현하고 있다. 그리고 한쪽 발은 물 속에 담그고, 다른 쪽 발은 땅 위를 밟고 있다. 물 속에 담겨져 있는 발은 무의식에 기반을 둔 사고를, 땅 위를 밟고 있는 발은 의식세계에 기반을 둔 사고를 의미한다.

이것은 무의식과 의식 양쪽 모두에서 영향을 받아 결정을 내리게 된다는 것을 의미한다. 다시 말해서 의식적으로 무엇을 하려고 하지도 않고, 또 완전히 무의식에 의존해서 이성적 판단을 흐리지도 않는다는 의미이다.

또 이 카드는 합일과 융화를 상징하고 있다. 더운물과 찬물, 서로 다른 이론과 생각을 가진 두 가지 기운이 하나로 융화되어 중도를 찾고 중간쯤의 적당한 해답을 찾는 것을 의미하고, 이것은 합일과 수용을 의미하게 된다.

타로 엿보기

이 두 카드는 모두 연애에 그리 능통하지 못하다. 절제 카드를 자신의 카드로 가진 사람은 자신의 감정을 상징하는 물이 완전히 평평한 상태를 유지한 채로 움직이지 않기 때문이다. 감정의 흐름이 없으니 연애를 한다는 것은 조금 무리가 있다. 이것은 어떤 면에서는 은둔자가 연애를 못하는 것과 일맥상통하긴 한데, 은둔자보다는 조금 희망적인 것이 자신의 감정을 흔들 수 있는 상대를 만날 수만 있다면 즉시 연애가 가능한 상태로 변한다는 것에 있다. 물론 은둔자는 자신의 자세를 계속 견지하는 한 연애는 힘들 수 있다.

은둔자

악마

The Devil

타로 맛보기

코놀리

켈틱 드래곤

한슨 로버츠

악마는 욕심이며 미련이다. 끝없는 욕심으로 인해서 미련을 버릴 수 없는 상태를 표현한다.

라이더 웨이트 덱을 보면 가운데에 괴물처럼 보이는 짐승의 머리에 악마라는 것을 상징하는 역오망성이 있고 또 그 짐승은 오른손을 들어 거짓 맹세를 하고 있다. 그리고 그 악마에게 매여 있는 남녀를 볼 수 있는데, 여자의 꼬리는 다산을 상징하는 포도가, 남자의 꼬리에는 신의 음성을 상징하는 불이 있다.

여기서 주목해야 할 것은 남녀의 목에 감겨 있는 체인이다. 이 체인이야말로 악마 카드에서 가장 중요한 것으로 인간이 욕망으로부터 자유롭지 못함을 표현한 것이다. 정확하게는 욕망에 의해서 판단을 흐리게 되는 속박을 표현한 것이라 해야 할 것이다.

또 악마 카드는 연인 카드와 비슷한 디자인 구조임을 알 수 있는데, 이는 이 상황이 연인 카드에서 인간들이 선악과를 먹고 난 이후의 일이라고 생각하면 충분히 이해할 수 있을 것이다. 인간들은 뱀의 유혹을 뿌리치지 못하고 선악과를 먹고, 그전에는 전혀 관심이 없던 성과 부끄러움에 대해 알게 되어 종족의 번식을 위한 생식을 하게 된다. 악마 카드는 인간의 여러 가지 욕구와 욕망들을 표현하지만 그중에서도 특히나 생식, 즉 성행위에 관심이 많고, 특히 하나를 꼽자면 성욕을 말할 수 있다. 비도덕성을 기본으로 내재하고 있는 카드이다.

이 카드가 자신의 배열법에 나왔을 때는 자신이 스스로의 욕심에 의해서 일을 그르치게 되는 것이라든가 외부의 유혹(아마도 성적인, 또는 그때 자신이 가장 필요로 하고 있는 일)이 있을 수도 있다. 또한 이 카드는 구설수를 의미하기도 하는데, 자신에 관한 좋지 않은 소문이 날 수도 있으니 조심할 것을 경고하고 있다.

이 카드가 가진 금전적인 욕심에 대한 이야기는 코놀리 덱을 보면 잘 나와 있다. 이 카드는 아예 이름이 악마가 아니라 물질주의Materialism이다. 물질에 대한 중독과 그것에서부터 벗어날 수 없는 사람의 모습을 잘 담고 있다.

두 카드 모두 유혹이라는 의미를 가지고 있다. 그것도 모두 비교적 성적인 의미로서의 유혹이다. 약간의 차이가 있다면 연인이 성적인 유혹의 확률이 덜하다는 것이고 악마가 편집증적이고 광적이라는 것이다. 연인 쪽이 유혹이 떨쳐내기 쉬울지도 모르지만, 그렇게 떨쳐내기 쉽다면 유혹이 아니다. 아무리 연인이라고 할지라도 본격적으로 유혹을 한다면 떨쳐내기 힘들 정도로 강력할 것이다.

연인

탑

The Tower

타로 맛보기

안사타

코스믹

고양이

탑 카드의 탑은 인간이 신을 향해 너무 높이 쌓아올린 바벨탑을 상징하며, 하늘에서 내려오는 벼락은 불경스러운 인간에 대한 신의 벌을 상징한다. 그 벌로 인해서 인간이 쌓아올린 탑은 무참히 허리가 꺾여나가고 벌은 신분을 막론하고 모든 인간에게 두루 미친다는 것이 일반적인 탑의 해석이다.

탑을 가만히 보고 있으면 9.11 미국 WTC 테러 사건과 한국의 삼풍 백화점 붕괴 사고가 떠오른다. 두 사건의 공통점은 인간이 세운 건물이 무너지고 수많은 사람들의 사망과 사상이 있었다는 것이고, 차이점은 WTC는 붕괴 후 수습하는 데 테러 전쟁 등 여러 가지 사건들이 계속 이어진다는 것과 삼풍 백화점 붕괴는 그 이후 특별한 일 없이 비교적 순탄하게 마무리가 되어졌다는 것이다. 이 차이점은 어디서 기인하는 것일까?

즉, 앞에 말한 건물들이 그러한 불행한 사건이 없었다면 지금쯤 어떻게 되었을까, 라는 가정에서 출발하는 것이다. WTC는 9.11 테러 사건이 아니라면 지금까지도 거대 자본주의 사회의 마천루로 그곳에서 건재했을 테고, 삼풍 백화점은 그 사건이 아니더라도 곧 도시에서 제거되었어야 할 건물이었던 것이다. 둘 다 똑같이 일련의 급격한 변화를 겪었지만 한쪽은 앞으로 마땅히 일어나야 하는 일이 조금 빨리 이루어진 순 변화였다면, 다른 쪽은 겪지 않아도 되는 급격한 변화를 겪은 역변화인 것이다.

이럴 때 그 뒤처리의 차이점은 순 변화 쪽에서도 많은 손실이 있었지만, 어차피 언젠가는 있어야 하는 일이기 때문에 빠르게 뒷수습을 하고 정리를 하는 반면에, 역 변화일 경우는 뒷수습이 순 변화에 비해 더 타격이 크고, 더 많은 노력과 여러 가지 과정이 필요한 것이다.

이것은 탑이 나타내는 급격한 변화가 어떤 방식으로 영향을 미칠 것인가를 파악하는 데 중요한 역할을 한다. 탑은 단지 변화와 손실을 나타내기도 하지만 때로는 그러한 변화가 있어야만 되는 상황도 있다.

아주 간단한 예를 들어서 컴퓨터가 프로그램의 반복되는 설치와 삭제 등으로 점점 속도가 느려지고, 제 성능을 내지 못한다면 어떤 조치를 취하는 것이 좋을까? 과감하게 포맷을 하고 모든 프로그램을 새로 설치하는 편이 좋을지도 모른다. 이러한 급격한 변화는 수많은 데이터를 한꺼번에 손실하게 될 수도 있지만 느려진 컴퓨터를 빨리 움직이게 할 수 있는 기회가 될 수도 있다.

이런 면이 탑의 순 역할이다. 하지만 탑이 손실을 뜻함에는 변함이 없다. 어떤 방식으로 변화를 하게 될지는 모르겠지만 어떤 방식이든지 어느 정도의 손실을 각오하지 않으면 변화는 오지 않을 것이다.

별

The Star

타로 맛보기

코스믹

켈틱 드래곤

젠드론

별 카드에 대한 설명을 하기 전에 간단하게 이미지 리딩을 해보자. 이미지 리딩이란 카드의 뜻을 유추하기 위해서 자신이 카드와 관련된 어떤 상황에 처해 있다고 상상해보는 것이다. 이런 이미지 리딩이 때로는 매뉴얼이나 책에 있는 어떠한 내용보다 더 값진 경우가 있다.

당신은 지금 탐험가이고, 배를 타고 보물을 찾으러 떠나는 중이다. 배는 돛이 달려 있는 커다란 범선이고, 태평양의 어딘가를 지나가고 있다. 그렇게 한적하고 여유로운 항해도 잠시, 몇날 며칠 계속되는 지긋지긋한 폭풍에 돛도 너덜너덜해지고, 선원도 몇 명 실종되었다. 그러던 어느 날 오후 느지막이 폭풍은 멈추었고, 선원들은 안도의 한숨을 쉬고 있는데 항해사의 한마디가 다시 허탈하게 만든다. 지난 폭풍의 영향으로 항해에 꼭 필요한 나침반이 고장이 나서 지금 있는 곳이 어디인지, 또 어디로 가고 있는 건지 전혀 알 수 없다는 것이다. 이제 몸은 피곤이 쌓여 더이상 한 발자국도 더 못 갈 것 같아 큰 대자로 뻗어서 깜빡 잠이 들었다. 그러다 문득 선선한 바람에 살며시 눈을 떠보니 밤하늘은 맑게 개어 있고, 저쪽 하늘에서 북극성이 밝게

빛나고 있었다. 별은 이런 상황에서의 북극성이라고 생각한다. 이 북극성은 자신의 위치를 알려주기도 하고, 앞으로 나아가야 할 길을 알려주기도 하는 희망의 별이라 하지 않을 수 없을 것이다. 별은 판도라의 상자에서 가장 밑에 있어서 밖으로 도망치지 못한 희망이 하늘에 올라가서 별이 되었다는 뜻으로 희망을 뜻한다.

별 카드는 절제 카드와 비슷하다. 라이더 웨이트 덱을 살펴보면 머리 위로 일곱 개의 별이 있고 그 가운데 북극성이 떠 있으며 여자는 두 개의 물동이에서 하나는 물 웅덩이로, 하나는 뭍으로 물을 흘려보내고 있다. 여기서 물 웅덩이는 감정의 웅덩이로, 그 끝을 알 수 없는 인간의 무의식 세계를 상징한다. 그리고 뭍은 딱딱하게 굳어 있고 언제나 그 위를 걸어다닐 수 있는 인간의 의식세계이다. 또 별은 인간의 무의식의 세계와 의식의 세계 양쪽에 물을 부어 풍족하게 만든다. 풍족함의 상징이 물인 이유는 희망이 물리적이고, 육체적인 것이 아니라 정신으로부터 나온다는 것을 상징하고 있기 때문이다.

별 카드는 희망에 대한 경고를 보여주기도 하는데, 이것은 여자의 발을 보면 알 수 있다. 물 속에 들어가 있어야 마땅한 발이 표면을 밟고 있는데, 이것은 단지 환상에 가까운 희망에 빠져서 현실적인(뭍) 노력은 하지 않고 감정적인(물) 위안으로만 일관해서는 안 된다는 것을 의미한다. 이 카드가 진정한 희망으로서 제 기능을 하기 위해서는 결코 물(감정) 속에 발(현재상태)을 담그고 있어서는 안 되고, 물 밖(현실)에서 노력을 해야 한다는 것을 의미한다.

코스믹Cosmic 덱을 비롯한 여러 덱들을 살펴보면 대개 연꽃이 등장한다. 연꽃은 자연의 재생력을 상징하여 최악의 순간(늪지)에서도 피어나는 희망을 상징하는데, 이러한 연꽃의 생명력은 고대부터 널리 인정을 받아 이집트부터 그리스 로마 신화를 거쳐 불교에까지 두루 영향을 미치게 된다. 희망이라는 것은 인간이 살아가는 데 가장 필요한 것이고 언제나 끝없이 존재해야 하며, 희망이 없는 사람은 더이상 살 기력을 얻을 수 없다. 그래서 별이 가진 물동이는 크기는 작지만 영원히 마르지 않는 것이다. 따라서 사람은 앞으로도 계속 살아갈 수 있을 것이다.

달

The Moon

타로 맛보기

안사타

문 가든

코놀리

달은 불확실성이나 불안정을 뜻한다.

태양과는 크게 구분되는데, 햇빛 아래에서 사물을 보는 것과 달빛 아래에서 사물을 보는 것은 많이 다르다는 것으로 이해할 수 있다. 햇빛에서는 아주 자세한 것까지 모두 선명하게 볼 수 있지만, 달빛에서 사물을 보면 어스름한 형태로 형체는 볼 수 있지만 정확하게 가늠하기가 여간해서는 쉽지 않다. 달은 그렇게 정확하게 무엇인지 알 수 없다는 의미를 가지게 된다.

라이더 웨이트 덱의 달 카드에는 개 두 마리와 게 한 마리가 있다. 개는 늑대가 자연 속에서 살다가 인간을 만나 동물로서의 야성을 숨기고 인간과 함께 살아 길들여졌다. 그래서 개는 야성을 숨긴다는 의미에서 감춰진 내면과 보이지 않는 적을 상징하기도 한다. 같은 맥락에서 게는 겉은 단단한 껍질로 둘러싸여 있어서 강한 척하지만 속은 물렁한 살로만 이루어져 있다. 이것은 약한 자신의 내면을 숨기기 위해서 강한 척하는 모습을 나타낸다.

서양에서 보름달은 오랫동안 사람들의 마음을 미치게 만드는 영향력이 있다고 믿어왔다. 보름달이 되면 사람이 늑대로 변한다고 믿기도 하고, 미친 사람들이 거리를 돌아다니며, 그리고 달빛은 사람을 우울하게 만들어서 만월에는 자살하는 사람의 수가 늘어난다고 생각되기도 했다.

이렇게 달은 인간의 내면적 요인에 많은 영향을 미쳤으며, 보이지 않는 영향력을 나타낸다. 또한 이 카드가 건강운에 나왔을 때는 정신이상, 특히 우울증을 나타낸다. 하지만 달빛은 모든 것을 정화하는 힘이 있다고 믿어지기도 했다. 그래서 달은 정신적인 정화를 상징하기도 한다.

달은 여성의 생리 주기와 달의 공전주기가 비슷하다는 점에 기인해서 여성을 상징하기도 한다. 여성적인 영향력이 강력함을 나타낸다.

만약 달이 배열법에 나오면 전체적으로 무엇인가 잘 알 수 없는 의미의 모호한 분위기로 흐르기 마련이다. 배열법의 위치에서 결론이나 결정의 자리에 달 카드가 나오면, 판단하기엔 아직 이르다는 것으로 해석하는 것이 좋고, 자신을 나타내는 자리에 나오면 질문자 자신도 잘 모르기 때문에 좀더 많이 알아봐야 한다고 해석하는 것이 좋다. 타인의 역할에 이 카드가 나오거나 방해자 쪽에 나온다면 새로운 위험의 등장이나 알지 못하는 위협을 생각해보는 것이 좋다.

태양

The Sun

타로 맛보기

올드 패스

시크릿

비전 퀘스트

태양은 앞의 달에서 설명한 대로 모든 일에 명쾌하고 투명한 해답을 준다. 태양 아래에서는 모든 것이 명쾌하고 활달하며 모든 곡식이 잘 자라 행복하기 그지없다. 태양은 모든 어둠을 밝혀주며 모든 것들에게 활기를 준다.

라이더 웨이트 덱을 보면 거대한 태양이 있고, 그 아래에 태양을 사랑하는 해바라기, 그리고 작은 해바라기들로 머리를 장식한 천진무구한 아이가 백마를 타고 있다. 아이는 붉은 깃발을 손에 들고 있으며 아무것도 입지 않고 양손을 밖으로 뻗고 있지만 불안해 보이지는 않는다. 아이를 태운 백마는 순수를 상징하며, 아이의 표정 역시 순수하며 밝다. 해바라기는 태양이 계속 떠 있기를 바라는 모습이고 아이 머리의 해바라기는 태양이 아이의 미래를 계속 비춰주기를 바라는 모습인 것이다.

태양은 광대 카드에서도 잠깐 나왔었지만, 광대의 모든 실수들을 보듬어 광대의 앞길을 환히 비추어주는 역할을 하는데, 여기서는 이렇게 큰 태양이 있으니 아이의 앞길이 밝고 희망차고 따스할 것인지는 따로 말할 필요가 없다.

태양은 금전적인 부를 상징하기도 한다. 과거에 태양은 대지와 함께 인간의 부를 만들어내는 중요한 인자였기 때문이다. 아무리 비옥한 땅이라 하더라도 태양이 없다면 곡식도, 과실도, 가축도 성장하지 못했을 것이다. 그래서 태양은 인간의 물질적인 풍요로움을 상징하기도 한다. 복권이 당첨된다면 분명 그날은 태양이 지배하는 날일 것이다.

태양은 사업운에서도 그 힘을 강력하게 발휘하는데, 계약의 성사나 프로젝트가 잘 진행되어가고 있음을 상징한다. 전차 카드도 사업상의 성공을 의미하지만 태양 카드가 훨씬 더 강력한 긍정을 상징한다.

태양이 어떤 배열법에서 어떤 사람을 지칭한다면, 그 사람은 주변에서 인기가 많고, 또한 사교적인 사람임에 틀림없다. 태양은 인간관계에서 흔히 신용을 표현하는데, 태양 아래에서 모든 것이 확실하게 보이는 것처럼, 모든 일을 처리하는 데 뚜렷한 것이 그 이유이다.

하나는 사람이고 하나는 사람이 아니다. 이 둘 사이에 무슨 상관관계가 있을까? 황제는 자신의 맡은 일을 완벽하게 처리해내는 사람이다. 주변 사람들과의 약속을 어기는 법이 없고, 심지어는 자신과의 약속에도 엄격하다. 한편 태양은 사람과 사람들 간의 관계에서 신의나 신뢰 들을 의미한다. 이런 의미에서 황제야말로 태양에 가장 어울리는 사람이 아닐까? 이 둘은 신뢰라는 점에서 공통점이 있다.

황제

심판

Judgement

타로 맛보기

문 가든

올드 패스

켈틱 드래곤

심판이라고 하는 것은 그 결과가 어떻게 나온다 하더라도 그건 자신이 해온 노력이나 결과에 대한 평가이다. 심판은 결코 그 결과가 어긋나는 법이 없다. 어떠한 결과가 나오든지 그것은 자신이 초래한 일이라는 데는 변함이 없다.

라이더 웨이트 덱을 보면 천사가 나팔을 불어서 사람들에게 심판의 시기가 왔다고 알려주고 있다. 사람들은 모두 자리에서 일어나서 자신에게 온 심판을 맞기 위한 채비를 하고 있다. 사람들이 일어난 자리는 사각형의 관으로 심판은 인간의 생이 끝난 뒤, 그가 살아 있을 때의 모든 행적을 죽은 다음에 무덤에서 심판을 하는 것이다.

붉은 날개를 가진 천사의 모습은 시큰둥하기 그지없는데, 인간에게는 일생의 모든 행적을 심판받는 중요한 일이지만 천사에게는 그저 그런 일상일 뿐이기 때문이다.

인간의 관은 땅 위가 아니라 물 위에 있다. 물은 인간의 내재적인 모습을 나타내는데 이 심판이 인간의 물리적인 육체에 내려지는 게 아니라 정신에 내려지는 심판이라는 것을 상징한다.

　　다른 덱들을 보면 심판을 기다리는 사람들의 모습이 여러 가지 상반된 표정을 지니고 있다. 이것은 자신의 삶을 만족스럽게 산 사람은 치하가 있을 것이고, 그렇지 못한 사람들은 그만한 대가를 받게 된다는 것을 알 수 있다.

　　이러한 판단은 공명정대해서 누구도 그 결과에 승복할 수밖에 없다. 이 카드가 배열법에 나왔다면 어떤 판단을 받아야 하는 입장, 결과를 받아야 하는 입장일 수 있다. 혹은 자신의 역할 쪽에 이 카드가 나왔다면 결단을 내려야 하는 상황일 경우가 많다. 스스로 여러 가지 면을 고려, 결심을 세워서 자신의 행동을 결정해야 한다.

정의

세계

The World

타로 맛보기

아쿠아리언　　　켈틱 타로　　　르네상스

이제 모든 여행은 끝났다. 광대로 시작한 길고 긴 여행은 세계에서 그 대단원의 막을 내리게 된다. 최후의 심판마저도 끝나고 모든 사람은 다시 처음으로 돌아갈 준비를 해야 한다.

이 카드는 모든 것이 끝나고 다시 처음으로 돌아가는 새로운 시작을 의미한다. 광대의 시작이 이 카드의 다음에 다시 연결되어 완성된 또 하나의 흐름이 시작하게 된다는 것을 어렵지 않게 상상할 수 있다.

라이더 웨이트 덱을 보면 가운데 아름다운 여성의 주위에 월계수 잎이 장식되어 긴 여정의 끝을 치하하고 있으며, 각 네 모서리는 인간사에서 일어날 수 있는 여러 가지 일들을 상징하는 4대 원소가 긴 여정 동안 함께 한 동반자에게 안녕을 고하고 있다.

켈틱 타로 덱을 보면 한 노인이 의자에 기대서 잠든 모습을 볼 수 있다. 처음 이 카드를 보았을 때 느꼈던 것은 전율이었다. 인생의 모든 역경들을 함께 했을 낡고 부러진 창과 도구들…… 이 모든 것들이 아마도 편안하게 잠들었을 노인의 마지막 길을 함께 해주는 친구들이 않을까? 세계 카드는 이렇게 모든 인생길을 마무리하는 모습일 수도 있다.

　르네상스 덱의 세계는 다른 덱들과는 달리 사람이 등을 보이고 있다. 이 덱의 가장 첫 장인 광대 카드가 앞으로 걸어나오는 느낌이라면 세계 카드는 걸어들어가는 느낌이다. 이 생에서의 모든 일을 마치고 돌아간다는 의미일 수 있고, 새로운 여행을 떠나는 의미일 수도 있다.

　세계 카드는 모든 것의 완성을 의미하며, 좋은 결과로 끝나는 것을 의미한다. 또한 모든 것을 끝내고 툭툭 털고 일어나 여행을 떠나는 모습으로도 볼 수 있다.

원래의 순서대로라면 이것은 광대에 대한 설명 뒤에 와야 하지만 일부러 뒷부분에 다루었다. 이 두 카드는 모두 여행이라는 의미를 가진다. 하지만 그 모습은 사뭇 다르다. 광대의 여행자는 봇짐을 메고 카드에서 앞쪽으로 걸어나오는 듯한, 새로운 일을 찾아서, 뭔가 새로운 즐거움을 찾아서 여행을 떠나는 인상이라면, 세계의 여행자는 카드 속으로 우리에게 뒷모습을 보이면서 떠나가는 느낌이다. 이미 자신이 해야 할 일은 다 했으니까 이제 떠나간다는 의미인 것이다.

광대

지팡이

Wands

지팡이는 4대 원소 중에서 불과 관계가 있고, 네 개의 상징 동물 중에서는 사자와 연관이 된다. 지팡이는 성장, 창조력, 발전, 영감, 에너지, 추진력 등과 연결이 되며, 열정과 의지를 상징한다. 대개의 경우 자신의 일Work과 관계된다.

에이스 지팡이Ace of Wands

의식 고양, 창조성, 자아 성장에 대한 욕구, 영감, 새로운 생각, 에너지의 분출.

지팡이는 일이기도 하지만 생각, 창조적인 능력 또한 의미하고 있다. 일에 대한 새로운 아이디어와 창조력이 충만해 있는 상태를 가장 잘 표현하고 있다. 예를 들면 막 창업을 시작한, 혹은 창업을 준비중인 상태이다.

두 개의 지팡이Two of Wands

양자리에서 화성, 결정을 내리는 능력, 창조적인 표현, 상황에 대한 통제.

두 개의 지팡이. 두 가지 일을 한다? 물론 그건 아니다. 에이스가 두 개 모여서 더 큰일을 꿈꾸는 상황이다. 두 배로 큰일을 하려는 사람, 두 개의 지팡이는 사업에 있어서 용기 있는 사람, 원대한 꿈을 꾸는 사람을 의미한다.

세 개의 지팡이Three of Wands

양자리에 태양, 자력, 아이디어의 통합, 선견지명, 계획.

일에서 어느 정도의 성공을 의미한다. 그러나 완벽한 완성의 느낌은 아니다. 창조적인 능력이 어느 정도 성과를 보여서 사업적 통찰력을 갖게 되고, 사업에서의 기회와 결과를 얻어낼 수 있다.

네 개의 지팡이Four of Wands

양자리에 금성, 노동 후 축하와 감사, 낙관주의, 도착, 축하 의식, 작업의 완성.

네 개의 지팡이는 노동으로 수확한 뒤의 축하 파티라고 생각하면 된다. 풍년을 축하하는 추석이나, 추수감사절을 카드로 표현한다면 이 카드가 될 수 있다.

다섯 개의 지팡이Five of Wands

사자자리에 토성, 격렬한 생각의 교환, 장애물.

사공이 많으면 산으로 간다! 다섯 명의 사람들이 온통 싸우고 있다. 서로 싸우고, 자신의 주장을 내세워 목표 자체는 안중에도 없다. 분열과 투쟁, 그리고 장애물만 남아 있을 뿐이다.

여섯 개의 지팡이Six of Wands

사자자리에 목성, 승리와 명예, 자부심, 팀워크.

일에서의 성공을 나타낸다. 그러나 혼자 이루어낸 성공이 아니다. 우두머리로서 일을 주도했을지는 몰라도 자기 혼자만의 성공은 아니다. 주변에 도와주는 사람들과 함께 한 성공이다.

일곱 개의 지팡이 Seven of Wands

사자자리에 화성, 당당히 서기, 고집, 주장을 굽히지 않음.

자신의 신념을 굽히지 않는다. 그래서 다른 사람들과의 마찰이 생긴다. 자신의 신념을 굽히지 않는다는 것은 좋게는 자신의 뜻을 관철시키는 강한 정신력을 의미하지만 일면 고집스럽고, 주변과의 융통성이 없다는 것을 나타낼 수도 있다.

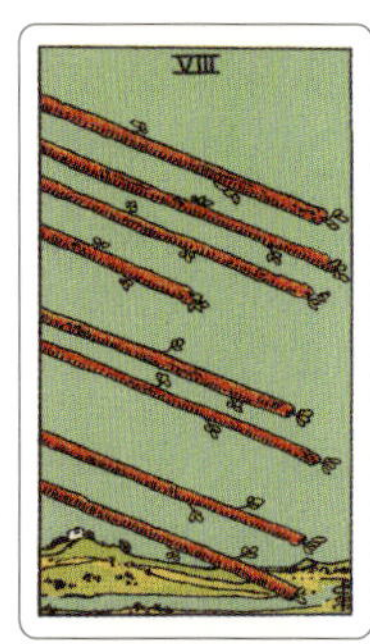

여덟 개의 지팡이 Eight of Wands

사수자리에 수성, 각종 활동과 에너지 활성화, 빠른 성장과 발전.

하늘을 날아가는 여덟 개의 지팡이. 일의 빠른 진행을 의미한다. 모든 지팡이가 활성화되어 일의 빠른 진행과 공부의 효율을 의미한다. 어떤 일을 서둘러 진행해야 하거나 발 빠른 대응이 필요하다.

아홉 개의 지팡이 Nine of Wands

사수자리에 달, 독립, 명분에 헌신, 힘과 목적을 향한 끈기, 자기 방어.

9에서는 자신이 만들어놓거나 이룩해놓은 일들을 다른 사람이 망칠까봐 두려워하고 있다. 8에서 올려놓은 속도를 늦추어야 할 필요성도 있다. 자신이 할 수 있는 한 가장 많은 일을 하게 된다. 그러나 견딜 만하다.

열 개의 지팡이 Ten of Wands

사수자리에 토성, 책임감, 부담감, 분개.

책임감에 너무 많은 일을 맡았다. 너무 많은 일들을 한꺼번에 처리하려고 하기 때문에 힘들다. 자신의 능력의 한계를 알고, 그것에 맞춰서 일을 조절해야 한다.

소년의 지팡이|Page of Wands

새로운 일거리를 찾아 돌아다닌다. 뭔가 새로운 것이 없을까 여기저기 들쑤시고 다니는 고양이 같다. 새로운 일이 곧 생길 수 있다. 언제나 새로운 호기심과 반짝이는 아이디어로 주변 사람들을 즐겁게 만들어주는 사람이다.

기사의 지팡이|Knight of Wands

넘치는 에너지의 결정체와 같다. 일을 좋아하고, 또 끝없이 일을 추구한다. 그러나 그 일 자체가 스스로의 흥미를 끌지 못했다면 에너지는 전혀 발휘되지 않을 수 있다. 자신이 좋아하고 흥미로워하는 일에 대해서 끝없이 에너지를 쏟아 붓는다.

여왕의 지팡이|Queen of Wands

스스로의 에너지가 가득하다. 그러나 그것을 현실화하려는 노력 자체는 그리 크지 않다. 실용성을 중요시하며, 효율적으로 행동하기를 원한다.

왕의 지팡이|King of Wands

자기 자신의 능력을 잘 알고 스스로의 일을 잘 처리해낸다. 어느 회사의 팀장이나 자신이 사장일 확률이 높다. 모든 일에 바르게 대처하며, 바르게 행동한다. 스스로의 능력이나 추진력을 과신하는 경향도 있다.

성배

Cups

성배는 4대 원소 중에서 물과 연결이 되고, 상징 동물은 사람이다. 성배는 인간의 감정과 잠재의식, 꿈, 정령, 환영, 환상과 연결되며, 공상이나 감정의 흐름을 상징한다. 인간과 인간 사이의 감정의 관계나 집단 사이의 관계에 관여를 한다.

에이스 성배 Ace of Cups

마음을 연다, 사랑, 쾌락의 시작, 감정의 시작.

성배는 마음을 상징한다. 마음을 연다는 것은 누군가를 만날 준비가 되어 있고, 새로운 인연과 근접해 있다는 것이다. 아무리 인연이 옆에 있어도, 자신이 마음을 열 준비가 되어 있지 않으면 그 인연은 멀어지기 마련이다. 그런 인연을 잡기 위한 마음의 준비가 되어 있는 상태이다.

두 개의 성배 Two of Cups

게자리에 금성, 서로 상반되는 것 사이의 온화한 조화.

두 개의 성배는 에이스 두 개가 서로 만났다고 생각하면 좋다. 호감을 가진 두 사람이 만나면 우정이든, 사랑이든 호의를 가진 관계가 시작된다. 그런 모습이 두 개의 성배이다. 대개의 경우 새로운 연애의 시작을 의미한다.

세 개의 성배 Three of Cups

게자리에 수성, 의사 소통, 주위 사람을 즐겁게 함, 축하와 기쁨, 공통된 이상.

에이스 성배가 셋이 모인 것이다. 두 명이 모이면 둘만의 관계가 되지만, 세 명 이상이 모이면 집단화된다. 결과적으로 여러 사람들과의 인간관계가 잘 이루어진다는 의미이다.

네 개의 성배 Four of Cups

게자리에 달, 무기력, 무관심과 불만족, 지루함, 명상, 감정의 억누름, 외로움.

새로운 성배에 관심이 없는 태도는 네번째 성배가 기존의 세 개의 성배가 가지고 있던 관계를 깰 수 있다고 경계하는 것이다. 이미 기존의 돈독한 관계에 새로운 사람이 왔을 때 그 사람에 대한 인간이 가진 기본적인 적대감, 배척감이 이 카드의 주요한 의미이다.

다섯 개의 성배 Five of Cups

전갈자리에 화성, 손실과 실망, 발전 저해, 조화가 깨짐, 일시적인 지연.

인간관계의 실패. 다섯 개나 되는 성배를 모두 관리할 수는 없는 모양이다. 세 개는 물이 다 쏟아졌고, 남은 두 개는 아직 건재하다. 그러나 쏟아진 성배들만을 향한 슬픔에 잠겨 있다. 이 카드는 쏟아진 성배와, 남아 있는 성배에 관심을 기울여야 한다는 두 가지 경고를 담고 있다.

여섯 개의 성배 Six of Cups

전갈자리에 태양, 과거의 기억, 재능, 기분 좋은 인간관계.

아직도 쏟아진 세 개의 성배에 미련이 남아 있다. 과거의 영향에서 벗어나질 못하고 있다. 과거에 얽매임이라든가, 미련이 남는다는 이런 과거 회귀적인 모습은 카드의 등장인물이 어른이지만 마치 어린아이 같은 모습에서 알 수 있다.

일곱 개의 성배 Seven of Cups

전갈자리에 금성, 환상 속에 사로잡힘, 환영, 허황된 꿈.

그림의 떡! 하고 싶은 건 많고, 갖고 싶은 것도 많지만 그중 어느 것도 구할 수 없다. 환영을 좇다가는 아무것도 남지 않는다는 경고를 담고 있다. 자신의 목표가 뚜렷하지 않거나 세운 목표가 허황되지 않은가 생각해보아야 한다.

여덟 개의 성배 Eight of Cups

물고기자리에 토성, 에너지 소모, 자기 연민, 후퇴.

모든 인간관계를 정리하고 싶은 마음. 심적으로 너무나 피곤해서 모든 걸 뒤로 하고 휴식을 취하러 떠나는 모습이다. 다른 어떤 제안도 더이상 소용없다.

아홉 개의 성배 Nine of Cups

물고기자리에 목성, 만족, 소원 성취, 자기 관대, 방종.

성공을 이루었다. 사회적 성공보다는 인간관계의 성공을 의미한다. 마음은 평화를 찾았고, 물질적인 성공뿐만 아니라 심리적인 안정도 얻을 수 있다. 주변에는 믿음직한 든든한 사람들뿐이고, 마음에는 만족감이 가득하다.

열 개의 성배 Ten of Cups

물고기자리에 화성, 완전함과 완성, 낙관주의, 가정 내에서의 안정.

성배가 나타내는 감정의 흐름의 끝은 역시 가족이다. 가족 안에서의 행복과 가족 안에서의 안정이 역시 성배가 가지는 최고의 가치이며 덕목이다. 가화만사성. 집안이 편안해야 모든 것이 편안하다. 주변이 안정된 가정만큼이나 평화로움을 뜻한다.

소년의 성배 Page of Cups

애정과 새로운 관계에 적극적, 사랑에 기꺼이 모험을 감수, 자신의 꿈 또는 직관으로부터 메시지를 얻음, 감정적으로 누군가에게 의존적임, 다른 이에게 봉사함.

사람에게 강한 호기심을 나타낸다. 정이 많고, 첫인상이 좋아서 누구라도 말을 걸고 싶어지는 사람이며, 또 누군가에게 말을 거는 데도 스스럼이 없다. 어린아이 같은 순진함과 친근함을 가진 사람이다.

기사의 성배 Knight of Cups

꿈, 이상, 사랑을 좇음, 자신의 취향과 미적인 감각을 표현, 영적이고 본능적인 비전 공유, 사랑을 줌, 로맨틱한 꿈을 꾸는 자, 변덕을 부리거나 질투를 낼 수 있다.

부드러운 사람이다. 사리 판단을 이성보다는 감성으로 하는 사람이다. 그렇다고 감정적으로 욱하는 성격의 사람은 아니다. 일면 조금 느끼하다 싶은 사람이기도 하다.

여왕의 성배 Queen of Cups

감정, 느낌, 꿈, 비전 제시, 영적인 능력, 깊은 감정, 달과 같은 감정의 변화, 공감대, 변덕, 거짓 행동, 사랑을 사랑, 무의식적인 면을 비춤.

성배와 여왕의 상성은 참 잘 맞는 편이다. 폭이 넓어져서 한없이 푸근한 어머니의 모습을 하게 되지만 역으로 질투나 시기의 모습으로 흐르게 될 수도 있다. 대개 자신의 어머니를 상징하는 경우가 많다.

왕의 성배 King of Cups

이미 정립되어 있는 감정 또는 관계, 사랑하는 능력, 상담자 또는 돌봐주는 사람, 창조적이며 상상력이 풍부.

유비를 생각하면 비슷할 것 같다. 주변 사람들을 카리스마가 아니라 정으로 이끈다. 항상 주변 사람을 먼저 배려하며, 뚜렷이 자기 주장을 하지 않을 수 있다. 대개 자신의 아버지를 상징하는 경우가 많다.

검

Swords

검은 4대 원소 중에서 공기와 관계가 있고, 상징 동물은 독수리이다. 검은 이성적이며, 냉소적이기도 하다. 투쟁이나 인간 사이의 갈등을 상징하며 대개의 경우 일business에 관계가 된다. 또한 냉철한 판단력과 거짓과 진실을 가릴 수 있는 지혜와 직관력을 상징하기도 한다.

에이스 검Ace of Swords

정신의 확장과 집중, 사물을 분석하기 위해 하나하나 뜯어봄.

일을 상징한다. 그중에서도 이성적인 판단을 해야 하는 상황을 가장 잘 표현하고 있다. 현실을 직시하며 껍질을 뚫고 그 안의 본질적인 모습을 보려고 노력하는 모습이다. 뿐만 아니라 어떠한 마음의 결심을 세우는 모습이기도 하다.

두 개의 검Two of Swords

천칭자리에 달, 불확실성 또는 궁지에 몰림, 화해, 질질 끔, 타협.

두 개의 일, 사건을 뜻하고 그 두 개가 똑같이 중요하다. 그중 어떤 것도 포기할 수 없고, 더 무거워서는 안 된다. 여기서 자연스럽게 힘의 균형을 떠올릴 수 있다. 물론 힘의 균형으로 끝나는 게 아니라 그중에 하나를 선택하도록 강요받는 경우가 더 많다.

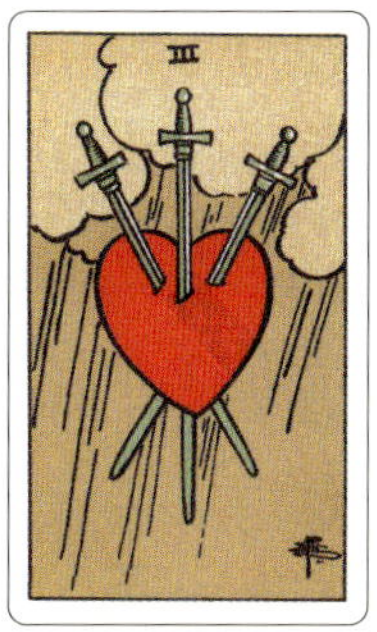

세 개의 검Three of Swords

천칭자리에 토성, 슬픔, 고통, 소외, 이탈, 질투, 마음의 상처, 상처 입음.

세 개의 검은 유일하게 애정에 관련된 카드이다. 실연, 혹은 삼각 관계를 의미한다. 검의 상징 중 갈등을 포인트로 하여 그 갈등이 머릿속이 아니라 마음속에서부터 나온다는 것을 의미 한다. 그리고 그에 따른 실망과 슬픔에 대한 카드이다.

네 개의 검Four of Swords

천칭자리에 목성, 치유 필요, 은거, 휴식과 회복, 여유 갖기.

네 개의 검이 가지는 느낌은 죽음과 같은 깊은 휴식이다. 열심 히 일한 뒤의 휴식은 꿀맛 같지 않을까? 피곤에 지쳐 쉬고 있 지만 다음에 해야 할 일이 남아 있는지 편안해 보이진 않는다. 많은 일을 한 뒤의 휴식이나 휴식의 필요성이라 할 수 있다.

다섯 개의 검Five of Swords

물병자리에 금성, 개인적 또는 정치적 불화, 강력한 경쟁자의 대두.

경쟁에서 지다. 다섯 개의 검에 나오는 그림 중에서 주인공은 옆에 조그맣게 고개 숙인 사람이다. 강력한 경쟁자의 대두를 경고하고 있다.

여섯 개의 검Six of Swords

물병자리에 수성, 위험으로부터 벗어남, 문제 해결.

주변의 도움을 받아 점점 상황이 나아진다. 배를 기준으로 가 까운 쪽은 물결이 거세고, 먼 쪽은 잔잔하다. 두 사람(모자)에 게는 이 상황을 타개할 활동력이 보이지 않으나 주변(아버지) 의 도움으로 더 나은 상황으로 이동해갈 수 있다. 물론 여기서 한 가족은 모두 한 사람일 수도 있다.

일곱 개의 검Seven of Swords

물병자리에 달, 거짓말, 가망성 없음, 위험한 시작.

또다시 새로운 일의 시작을 의미한다. 그러나 이번엔 에이스와는 다르게 위험 부담이 훨씬 크다. 더 많은 정보와 자원을 가지고 시작해야 한다. 그럼에도 위험 요소는 줄어들지 않는다. 모이는 자료들이 오히려 위험 요소가 될 수도 있다.

여덟 개의 검Eight of Swords

쌍둥이자리에 목성, 갇힌 느낌, 제한, 끈기 부족.

두려움에 가득 찬 모습. 자신이 할 수 있는 건 아무것도 없다고 포기하고 있지만 사실 자신을 묶고 있는 것은 강한 힘이 아니다. 스스로 벗어나서 두려움을 떨치려 한다면 얼마든지 할 수 있지만 그러한 노력조차도 두려움 때문에 시도해보지 못한다. 현실을 직시하는 것이 필요하다.

아홉 개의 검Nine of Swords

쌍둥이자리에 화성, 우울, 고통, 죄의식, 악몽.

악몽과 같다. 자신이 알고 있는 것보다 더 많은 두려움 속에 빠져 있다. 걱정 근심이 가득하다. 마음을 쉽게 놓을 수 없고, 편안한 휴식 역시 불가능하다. 걱정과 근심은 내부로부터 온다.

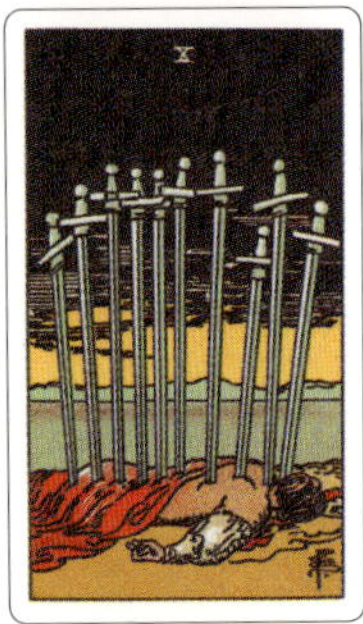

열 개의 검Ten of Swords

쌍둥이자리에 태양, 문제, 자기 방어, 자기 콤플렉스, 수용과 단념, 희생.

좌절과 절망이 현실로 다가오다. 아홉 개의 검에서 걱정하고 고민하던 것들이 현실로 다가와 자신의 목을 조른다. 이 난관을 타개할 수 있는 방법은 그리 많지 않다. 자신 스스로가 폐허가 되지 않도록 지키는 길뿐이다.

소년의 검 Page of Swords

정의와 진실을 추구, 의기소침과 무거운 생각을 떨쳐버림, 의사 소통에 있어 모험을 감행, 관철과 명민, 우울한 생각을 버리고 문제의 진실에 닿으려고 노력, 때로 무모하고 성급하며 짓궂음.

직설적으로 이야기하기를 좋아한다. 아직은 자신의 직설적인 성격을 숨길 능력이 없다. 어설픈 모습으로 자신의 생각을 곧이곧대로 뱉어내 주변 사람을 당황하게 할 수 있다. 그러나 그 판단력만큼은 훌륭하다.

기사의 검 Knight of Swords

요점을 지적, 아이디어, 생각, 철학에 전념, 지성, 의사 소통, 겉으로 말해버림, 사람에게 생각을 드러냄, 자기 주장을 잘 내세우며 용기가 있으나 고집이 세고 성급함.

냉철하고 냉정하게 사리 분별을 할 줄 알며, 자신의 소신을 굽히지 않는다. 이성적 판단이 감정적 판단에 앞선다. 냉정한 사람이라는 평가를 받을 수도 있다.

여왕의 검 Queen of Swords

생각의 흐름, 다른 사람을 대신해 말해줌, 요점을 잘 전개함, 사기, 위장을 꿰뚫어 봄, 전문적인 여성, 지적이고 자신감에 차 있으며 비판적인 정신과 날카로운 혀를 가지고 있음, 보통은 공명정대하지만 보복을 하기도 한다, 아이디어를 사랑함.

지적인 사람이다. 감정보다는 이성적으로 판단하며, 어떤 면에서는 역경이나 주변의 난관에 강하게 대항할 수 있는 힘이 있는 여성을 나타내기 쉽다. 미망인일 가능성도 있다.

왕의 검 King of Swords

기존의 생각, 의사 소통 능력, 분석 능력, 작가, 변호사, 외교관, 철학가, 보호와 변호, 영리하고 명민함, 불필요하거나 비논리적이라고 생각함.

조조와 비슷하다. 이익이 되는 부분과 그렇지 않은 부분을 확실히 알고 있다. 이익이 되지 않는 부분에 대해서는 가차없는 손질이 가해질 가능성이 있다. 냉정하게 생각하고 냉철하게 행동한다. 독재자가 될 가능성이 높다.

금화

Pentacles

금화는 동전이라고도 하며 4대 원소 중에서는 흙, 상징 동물 중에서는 소와 관계가 있다. 금화는 안정성을 우선으로 생각하며 돈을 상징하는 경우가 많고 노동의 대가, 지식의 축적, 기술의 개발과 관계가 있으며 일Job과도 관계가 있다.

이렇게 네 개의 슈트가 모여서 마이너를 나타내는데 이들은 한 사람이 사회적, 개인적으로 느끼는 인간과 인간 사이에서의 부대낌을 상징하며, 이것으로 인간의 삶의 여러 가지 이벤트를 상징하게 된다.

에이스 금화Ace of Pentacles

사업 또는 일의 기회, 아이디어 구현.

아이디어와 연관을 짓자면 아이디어의 생성이 아니라 아이디어를 구현해서 그것을 금전적으로, 혹은 효용적으로 실제 사용이 가능하게 하는 것을 의미한다. 예를 들면 출시 직전의 회사의 모습과 가장 비슷할 것이다.

두 개의 금화Two of Pentacles

염소자리에 목성, 적응성, 유동성, 시각 넓히기, 변화.

양손에 떡! 한꺼번에 먹으려고 하면 둘 다 못 먹게 된다. 그러나 그런 곤란함 속에서 균형 있는 대처만이 이 난관을 탈출할 수 있다. 대부분의 경우 두 가지 일을 잘 해나간다고 본다. 매뉴얼상의 의미는 난처함이다.

세 개의 금화Three of Pentacles

돈을 버는 일에서 어느 정도의 성공을 의미한다. 그래서 명성을 얻게 되고 그만큼 일을 부탁하는 사람도 늘게 되며, 또 그 일에도 능숙해진다.

네 개의 금화Four of Pentacles

자신이 이루어놓은 물질적 풍요를 빼앗기지 않으려고 하는 모습이다. 이 카드를 적용받는 사람을 딱 한마디로 이야기하자면 '구두쇠'이다. 자신이 가지고 있는 것을 남에게 주려고 하지 않는다. 그렇다고 남의 것을 굳이 빼앗으려 하지도 않는다.

다섯 개의 금화Five of Pentacles

결국 욕심을 부리다 모두 잃어버리는 물질적인 황폐함을 나타낸다. 또는 물질이 없어서 마음이 피폐해짐을 나타낸다. 정이 없어서 감정이 메마른 것과는 다른 의미이다. 이 차이점에 대해서는 주의 깊게 생각해볼 가치가 있다.

여섯 개의 금화Six of Pentacles

나눠줌, 베품의 기쁨을 알게 된다. 네 개의 금화에서 스크루지처럼 아까워하는 구두쇠를 볼 수 있었다면, 여섯 개의 금화에 나오는 사람은 크리스마스 뒤에 변한 스크루지의 모습이라고 생각하면 비슷하다.

일곱 개의 금화Seven of Pentacles

황소자리에 토성, 실패에 대한 두려움, 지연, 결과물보다 다른 데 관심이 있음, 권태.

수확을 많이 얻게 된다. 그러나 그 수확물 자체에 별로 관심이 없다는 것이 더 큰 문제다. 식상하다거나 권태로운 모습이다. 에너지가 느껴지지 않고, 주어진 것에 안주해버린다.

여덟 개의 금화Eight of Pentacles

전갈자리에 태양, 자기 규율, 준비, 인내심, 생산성.

새로운 일을 배운다. 자신이 가진 능력을 더욱 개발하여 한 단계 더 성장하기 위한 노력의 모습이다. 누군가의 제자로 들어가서 제일 밑바닥 일부터 다시 배우기 시작한다. 처음부터 다시 시작하는 노력이 필요하다.

아홉 개의 금화Nine of Pentacles

처녀자리에 금성, 휴식, 이완, 물질적인 풍요, 보상.

금전적인 성공으로 많은 부를 지니게 되었다. 그런 금전적 안정은 때로 나태하게 만들고 조금은 거만하기도 하다.

열 개의 금화Ten of Pentacles

처녀자리에 수성, 전통과 관습, 유산, 인내와 영속성, 번영과 부, 가족과 가정.

금전이 많아지면 오히려 부작용으로 작용하는데, 가장 큰 것이 자만심과 거만함이다. 그리고 가족 내에서의 정도 점점 줄어든다. 상속 문제로 의절하고 마음이 상하게 되는 등 금전이 악영향을 미친다. 과도한 부로 인한 부작용에 주의해야 한다.

소년의 금화Page of Pentacles

지식, 경험, 새로운 기술 추구, 대지로부터의 가르침 추구, 가치 검토, 돈과 안전, 신체적 위험을 무릅씀.

새로운 비전을 위해서 열심히 노력한다. 그러나 자신이 할 수 있는 역할은 그렇게 많지 않다. 지금으로서는 자신의 가치를 높이는 데 가장 효과적인 것은 공부이다. 조금은 학구적인 모습을 보여주는 것이 좋다.

기사의 금화Knight of Pentacles

자신의 재주를 행하거나 가르침, 지식 활용, 안전감 도모, 안정적이고 신뢰감을 주지만 때론 고집불통, 질서를 유지하고 기준을 지키려 노력함.

자신의 재능을 나누어주는데 아까워하지 않는 사람이다. 동적이기보다는 정적이며, 자신이 이루어놓은 것을 누군가가 침범하는 것을 싫어한다. 사업적인 면, 특히 금전적인 면에서 강점을 가진다.

여왕의 금화Queen of Pentacles

감각기관으로 모은 정보와 실제적인 지식의 통로, 보존 능력, 몸, 음식, 땅에 대한 존중, 생식력, 세상, 땅, 인생에 대한 사랑, 믿음을 심어주고 안정감을 제공함.

풍족하다. 부족한 것은 오히려 물질적인 것이 아니라 감성적인 면이다. 극도의 안정감으로 경계심이 부족하기도 하고, 나태와 게으름이 나타나기 쉽다. 돈과 시간이 많은 부르주아라고 생각하면 비슷하다.

왕의 금화King of Pentacles

이미 정립되어 있는 일, 생산 능력과 실용성, 경영자, 금융가 또는 기술자, 책임감이 있어 신뢰를 주지만 완고하고 변화 속도가 느림, 감각론자, 안전성과 품질을 염려함.

돈이 많다. 금융권이나 자기 사업을 할 가능성이 있다. 기본적으로 재운이 있어서 돈이 마르지 않는다. 완고하며 변화를 좋아하지 않는다.

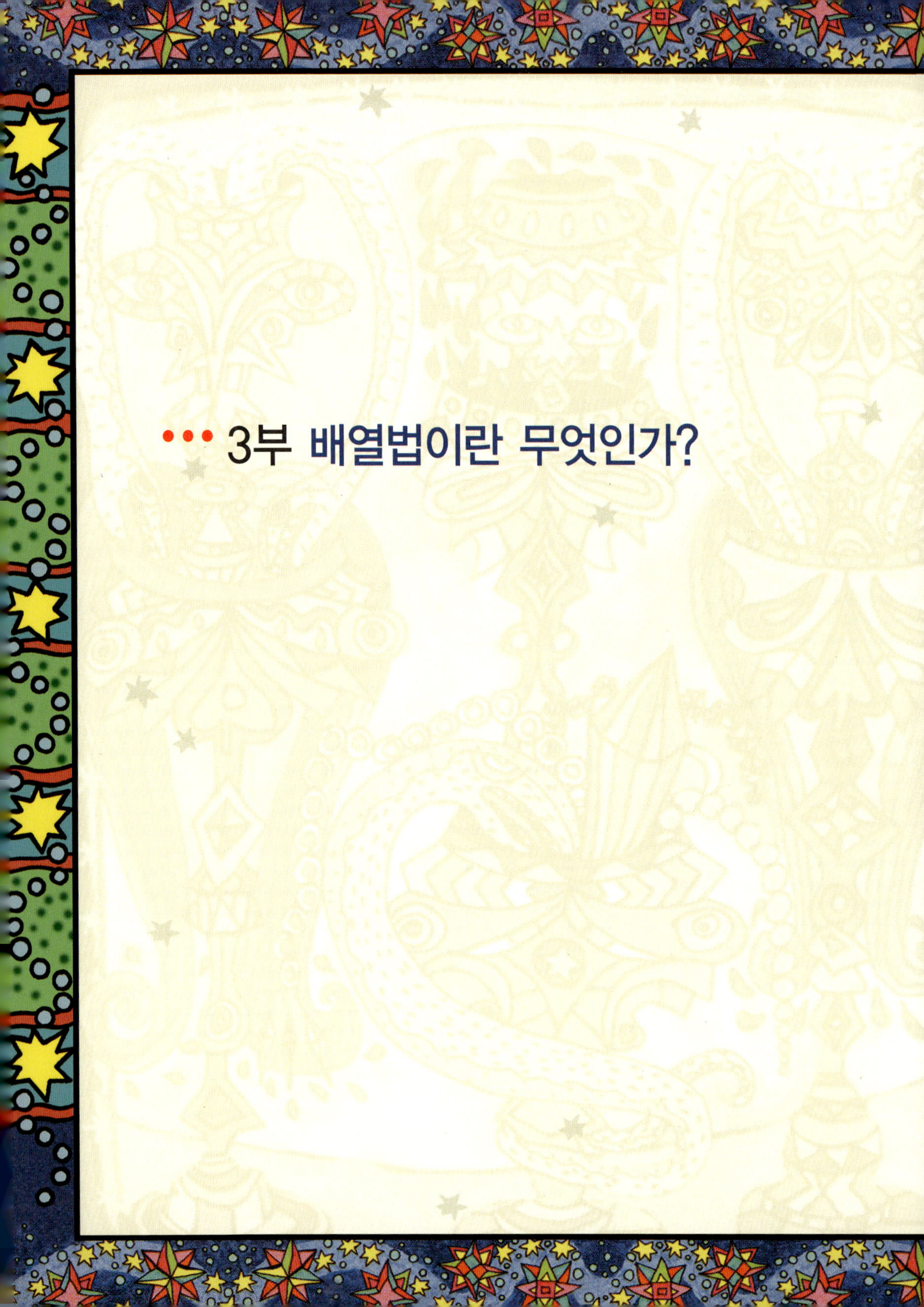

•••3부 배열법이란 무엇인가?

배열법이란 무엇인가?

초급

중급

고급

배열법이란 무엇인가?

What is Spread?

    배열법이라는 것은 타로 리딩을 하는 데 필수 요소로서, 타로 카드 한 장 한 장이 가지는 의미를 특정한 위치에 놓음으로써 추상적인 의미를 실질적으로 사용할 수 있는 내용으로 바꿔주는 역할을 한다. 광대 카드를 예로 들어보자. 광대는 새로운 시작, 준비 부족, 무지함, 순수함 등의 의미를 갖는다. 하지만 이 카드만으로는 그것이 어떤 방식으로 의미를 사용해야 하는지 알 수가 없다. 하지만 하나의 배열법에 적용시켜보면 그 의미를 현실적으로 어떻게 받아들여야 하는지 알 수 있다. 만약 광대 카드가 '내일 나는 시험을 잘 보겠는가?'라는 질문과 합쳐진다면, '무지함', '준비 부족'이라는 의미와 들어맞아 시험 성적이 잘 나올 수 없을 것이다. 또다른 예로 '내일 여행을 가야 하는가, 말아야 하는가?'라는 질문에 광대 카드가 나왔다면 '시작', '여행'이라는 의미로서 여행을 가도 좋다는 뜻이다. 이런 식으로 타로 카드 하나하나의 형이상학적인 의미를 현실세계로 끌어내려 실제로 사용이 가능하도록 만들어주는 것이 배열법이다.

배열법에서의 상관관계 combination

    배열법에서의 타로 리딩은 앞에 나왔던 카드가 다음 나올 카드에 영향을 주고, 또 그 이야기로 인해서 다음 이야기가 성립된다. 쉽게 말해 A라는 사건 때문에 B라는 사람의 감정 상태가 변하는 것인데 이것을 타로 카드의 상관관계라고 한다. 고수가 될수록 이런 연관성을 잘 찾고, 연관성이 짙게 깔려진 배열법일수록 맞을 확률이 높아진다. 예를 들어 광대 카드가 현재의

나의 모습에, 그리고 마법사 카드가 나의 기본적인 성향에 나왔다면 잘난 척하고 싶어하는 한 사람(마법사)이 준비 부족이나 아주 어이없는 실수(광대)로 비웃음을 사게 되는 것이다. 이런 조합의 수는 무궁무진하며, 단지 78장밖에 안 되는 타로 카드는 일상의 많은 일들을 다 이야기할 수 있도록 하는 원동력이 된다.

배열법의 종류

배열법의 종류는 수십에서 수백 가지, 혹은 수천 가지가 넘을지도 모른다. 세계의 수많은 타로 리더들에 의해서 계속 만들어지고, 사용되지 않으면 사라진다. 배열법은 일반적인 내용을 볼 수 있는 배열법부터, 어떤 특수한 목적을 위한 배열법도 있다. 처음에는 일반적인 범용 배열법을 사용하면 좋고, 차차 특수 목적 배열법을 사용하면 좋다. 많은 배열법들을 모두 외울 필요는 없고, 그중 4~5가지만 잘 사용해도 이미 훌륭한 타로 리더이다.

예제를 읽기 전에

이 책에 수록된 예제는 여러 가지 이유로 질문자와의 상담 내용이 빠져서 조금은 무뚝뚝한 이야기가 되어버렸을 수도 있다. 그러나 자세히 읽고, 그 카드가 왜 그런 식으로 해석이 되어야만 했는가를 생각해본다면 이해가 빠를 것이다. 여기서 가장 중요한 것은 그냥 쓰여 있는 그대로를 흡수하는 것이 아니라 이것이 왜 그렇게 해석되었느냐는 것이다. 그렇게 의미 도출 과정을 거꾸로 훑어가보는 것이 실력 배양에 큰 도움이 될 것이다.

배열법의 해석에는 명확한 정답이 있는 것은 아니다. 먼저 질문자의 상황과 의도들을 자세히 듣는 것이 중요하고 그렇게 하는 것이 배열법을 해석하는 데 더 긍정적인 결과를 유도할 수 있다. 그리고 어떤 배열법이 원하는 답을 도출하는 데 더 잘 어울리는지를 생각한 뒤 배열법을 사용하는 것이 좋다. 타로를 처음 사용하는 사람이라면 처음부터 어려운 배열법을 사용하기보다는 한 장, 혹은 세 장을 사용하는 기초 배열법부터 완전히 익힌 뒤 난이도를 높이는 것이 바람직하다.

기본 배열법

Basic Spread

세 장으로 이루어진 일종의 선형Line 배열법으로 기본적으로 과거, 현재, 미래를 상징한다. 이 배열법은 일반적인 범용으로도 활용이 가능하다. 가장 유명한 배열법 중에 하나인 켈틱 크로스에도 기본 배열법이 존재한다.

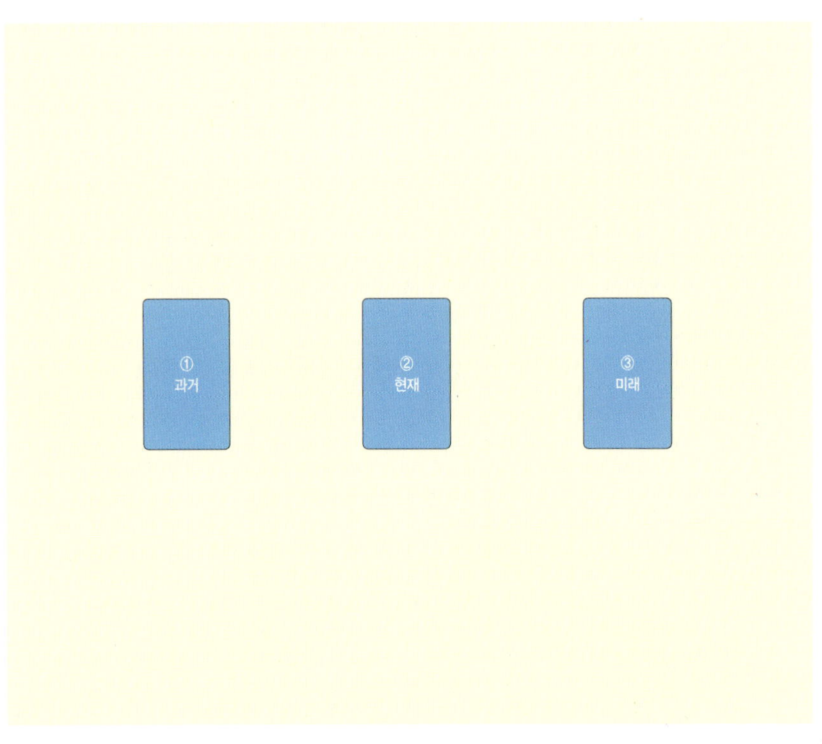

✡ 취업을 준비하는 남자 대학생의 경우

①
여왕의 금화

②
악마

③
기사의 금화

①, ③은 모두 직업운에서 좋다는 금화를 가지고 있어서 ②를 좋은 뜻으로 해석해도 된다. ①은 직업은 가져야 하지만 아직까지 크게 수소문하지 않은 상태로 자신에 대해 자부심이 있어 크게 걱정하지 않았다는 것을 의미한다. ②는 자신이 생각하는 한계보다 커트라인이 높은 회사에 이력서를 제출해보도록 권하는 카드다. ③은 여러 회사에 이력서를 넣어 직업을 구할 수 있다는 강한 가능성을 의미한다.

✡ 연애를 시작한 지 얼마 되지 않은 연인의 경우

①
매달린 사람

②
절제 (역)

③
별 (역)

①은 뭔가 새로운 발전을 생각하고는 있지만 만난 지 얼마 되지 않아 실제로 할 수 있는 일이 별로 없다는 것을 단적으로 의미한다. ②는 역방향으로 이 사람은 지금의 연인에게 상당히 끌리고 있다. 연애를 하는데 절제 카드가 나오는 것은 오랫동안 연애를 한 경우이다. 그러나 ③의 등장은 미래에 있을 불안을 나타낸다. ③은 여러 가지로 해석이 가능한데, 딱히 바라는 것이 없다는 막연한 불안감 정도로 해석된다.

선형 배열법

Line Spread

기본 배열법의 대표적인 확장형으로, 과거나 미래에 더 많은 카드를
놓을 수도 있다. 이렇게 더 많은 카드를 놓음으로써 과거나 미래를
더 심도 있게 알아볼 수 있다.

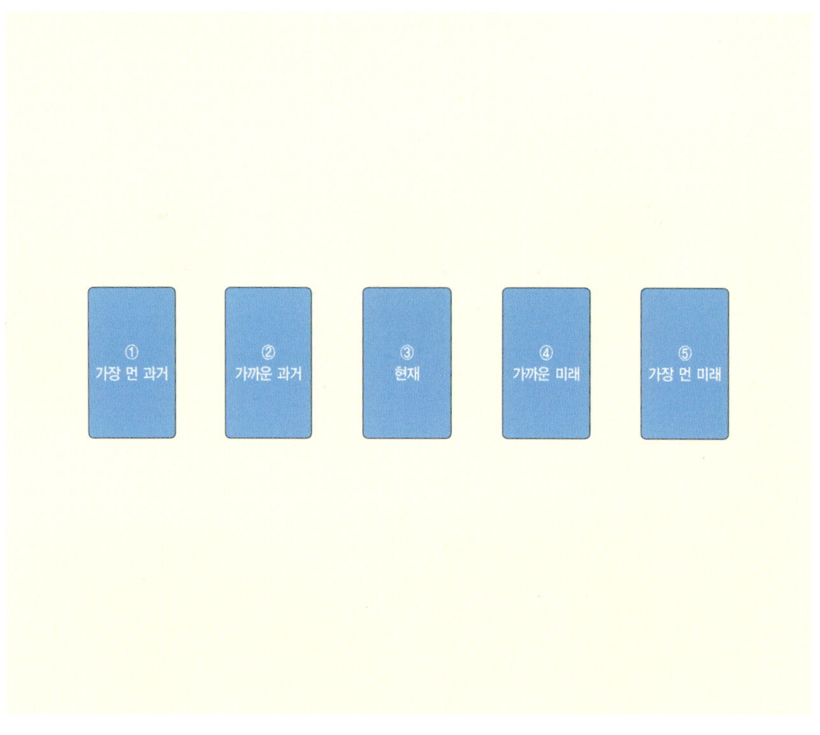

✡ 작은 가게에서 일을 하다 이직을 결심한 남자의 경우

①	②	③	④	⑤
전차 (역)	달	일곱 개의 금화	여왕의 금화	세 개의 검

①에 처음부터 사장과의 관계는 순탄하지 못했다. 시간이 지나면서 ②, 숨겨진 악재로 떠올랐다. 결국 ③으로 서로가 원하는 것이 다른 것을 알게 되고 ④로 오면서 자신의 이익을 중요시하자 강한 대립이 생겼다. 결국 ⑤가 되어 사장과의 관계를 정리하게 된다. 이런 경우에는 되도록 빨리 관계를 정리하고 다른 쪽으로의 이직을 권한다.

✡ 독립하여 친구와 자취를 하려는 남자의 경우

①	②	③	④	⑤
여덟 개의 지팡이	여덟 개의 금화	힘	기사의 지팡이 (역)	두 개의 성배 (역)

①은 너무 서둘러서 결정을 했다는 것을 가리킨다. 그리고 ②로 새로 배워야 하는 것들이 많다는 것을 알 수 있다. 처음 같이 사는 것이라 생소한 일들이 많을 것이다. 그런 일에 거부감을 가져서는 안 된다. 하지만 자신감이 충분하다는 ③이 나와 크게 걱정할 것은 없다. 그러나 ④에서 서로에 대한 신뢰가 깨지면 문제가 될 수 있다. 이런 경우는 집안일이나 생활비 분배의 문제이다. 그런 것이 심각해지다 보면 ⑤의 상황, 서로에 대한 애정마저 깨진다. 이런 경우는 서로를 어떻게 대하느냐에 따라 충분히 바뀔 수 있는 여지가 있으므로 서로에게 노력하면 좋은 결과가 나올 수 있다.

켈틱 크로스 배열법

Celtic Cross Spread

이제 막 초급 딱지를 뗀 타로 리더에서 고급 타로 리더까지 광범위하게 사용되는 켈틱 크로스 배열법은, 마치 웨이트 타로 덱이 모던 타로의 기초이듯이, 현대 타로 리딩의 기본이다. 어떤 타로 리딩에서도 큰 힘을 발휘하며, 대부분의 질문에 정확한 대답을 보여준다. 더불어 한 타로 리더의 실력을 비교적 공정하게 테스트할 때 사용할 수 있는, 기본기에 충실한 배열법이라고 할 수 있다.

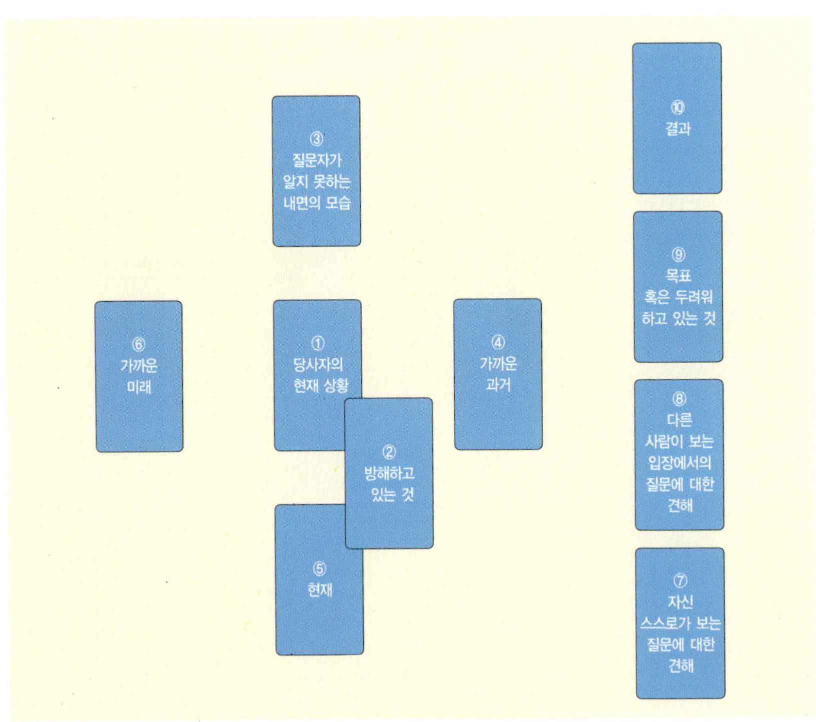

✡ 집안이 반대하는 연애를 하는 남자의 경우

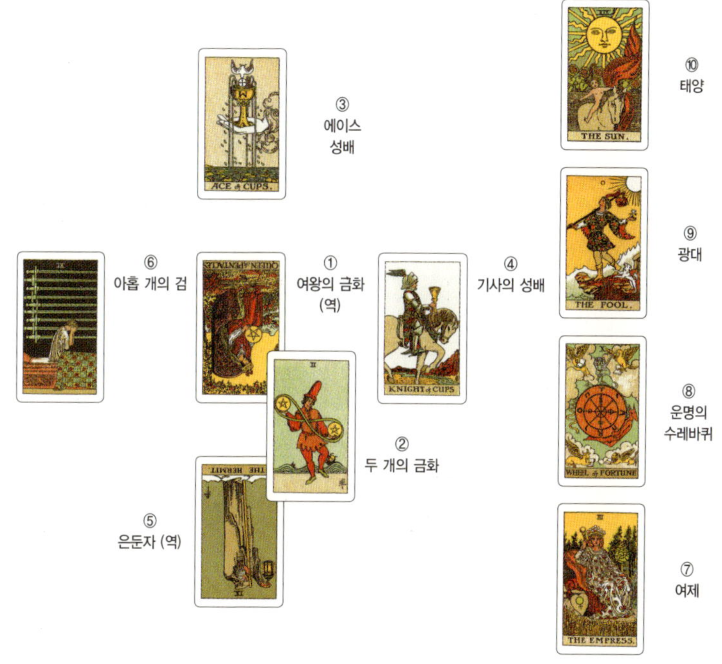

①은 남자의 어머니가 이 연애에 반대를 하고 있는 상황을 잘 나타낸다. 그리고 ②는 학업과 연애를, 그리고 가족과 연인을 동시에 만족시키기 위해서 이 사람이 노력하고 있다는 것을 보여준다. 하지만 그것이 방해자로 나타난 만큼 그렇게 쉽지는 않다. 그러나 ③이 나왔고 서로의 정과 신뢰를 바탕으로 한다면 어려운 길을 이겨낼 것이다. 기본적인 성향을 나타내는 카드이기 때문에 어떤 사건을 바라보는 기본적인 시각과 행동 패턴을 반영한다. ④, 그녀는 연인에 관한 이야기를 가족에게 비밀로 하여 가족 문제에 아무런 영향을 미칠 수 없는 상황이다. 그리고 ⑤는 숨어 있던 사람이 서서히 등장한다는 것을 나타낸다. 어머니가 반대를 시작한 것이다. ⑥은 이 상황이 그렇게 쉽게 끝나지는 않을 것이라는 것을 보여준다. ⑦은 조금씩 지쳐가고 있음을 보여주고, 또다른 의미로는 이 사람이 이 연애로 인해서 득보다는 실이 많음을 보여주기도 한다. ⑧에서는 크게 반대도, 찬성도 않는 조금은 무관심한 모습들이다. ⑨에서는 친구들이나 그 주변 사람들은 이 상황에 대해서 언급하는 것을 회피하지만 새로운 단계로 진입하는 것을 바라고 있다. ⑩은 뒤의 미래가 훨씬 희망차고 좋은 일이 많이 있음을 나타낸다.

✡ 교수직을 목표로 하는 한 강사의 경우

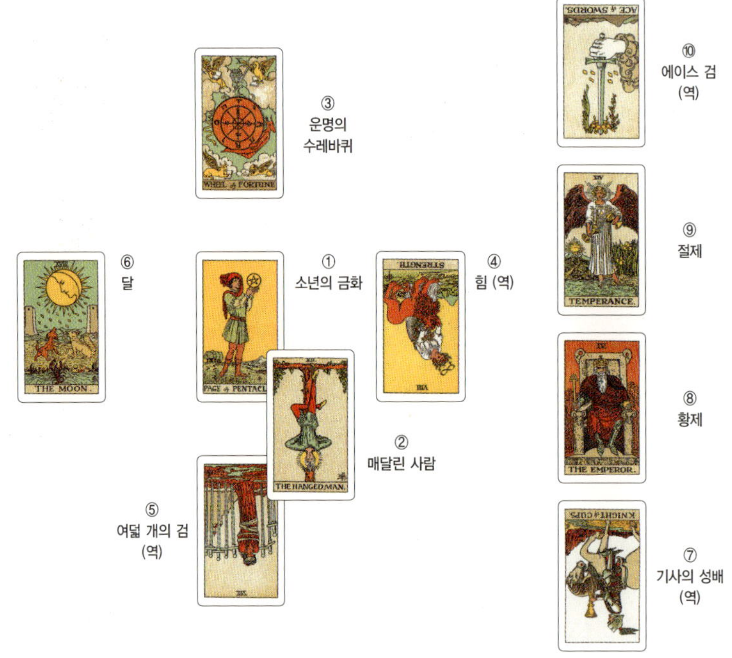

①, 더 많은 공부와 노력이 필요하다. ②는 지금 빠르게 움직여야 하는데도 너무 신중하고 있다. 어떨 때는 움직여줘야 한다는 것을 의미한다. ③은 끊임없이 움직이면서 무언가 새로운 것을 찾아다니는 기본적인 성격을 보여주고 있다. 이것은 가장 큰 원동력이 되어줄 것이다. ④, 공부가 부족함을 스스로 인지하고 있고, 그것이 자신감 부족으로 표출되었지 않나 생각된다. ⑤는 답답한 현 상황에서 벗어날 수 있는 방법이 쉽게 눈에 띄지 않고 있음을 보여주고 있다. 게다가 ⑥이 나와서 미래에 대한 전망을 뚜렷하게 보여주질 못하고 있다. ⑦은 뚜렷하게 진취적이지 못한 자신의 모습과 오히려 게으르게 보이는 모습을 나타내고 있다. 아마도 가시적인 성과가 없어서 의욕이 많이 꺾인 듯하지만 주변 사람들의 지지는 만만치 않다. ⑧은 전체 배열법에서 가장 좋은 영향을 주는 카드로 지지를 나타낸다. ⑨에서 상담자는 모든 상황이 안정화되는 것을 가장 바라고 있다. 현재 강사 일과 여러 가지 일들이 동시에 진행되어 많이 복잡하고 정신없는 상황이기 때문이다. ⑩은 단기간 내에 목표를 성취하기는 힘들다는 것을 나타낸다. 하지만 해결책은 언제나 그렇듯이 배열법 안에 있다. 자신이 공부를 만족할 수 있을 만큼 더하고, 그러는 과정에서 자신감을 얻게 된다면 목표는 곧 이루어질 수 있을 것이다.

 유흥업에 종사하는 여자가 좋아하는 상대에게 고백한 경우

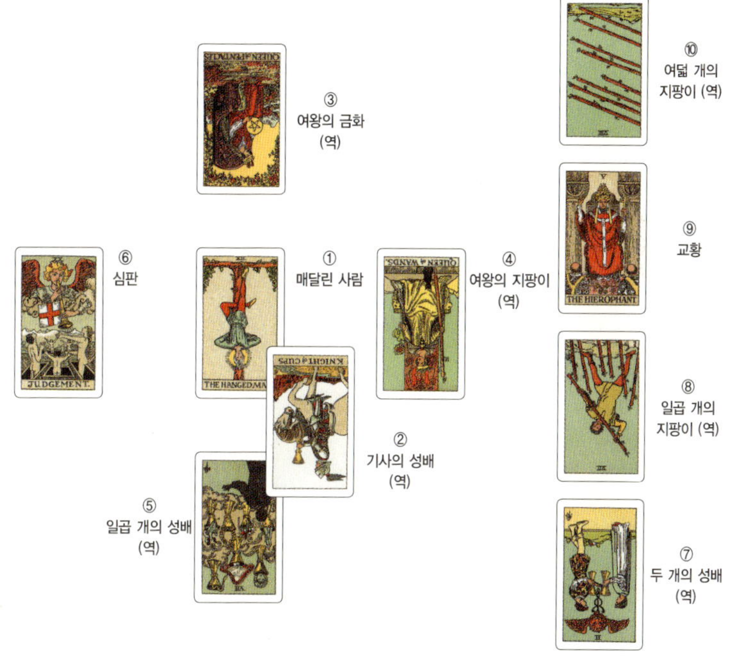

①은 자신이 현재 할 수 있는 일이 거의 없음을 의미한다. 이미 그 남자에게 좋아한다고 말했고, 거의 거절에 가까운 답을 들었다고 하니 이 카드가 가장 적절하다. ②는 감정의 흐름이 없음을 의미한다고 보는 것이 가장 좋을 듯싶다. 이미 아주 어렸을 때부터 친구로 지내온 사이에서 갑자기 감정의 흐름이 생기기는 힘들다고 생각된다. ③과 ④가 자신의 기본적인 성향과 과거의 행동이 여성의 가장 좋지 않은 모습을 상징하고 있으며 이것은 떳떳하지 못한 직업을 가졌다는 죄책감으로 당당하지 못한 모습을 보여준다고 생각된다. ⑤는 자신이 바라는 것은 정말로 자신이 가질 수 없다는 것을 가리킨다. ⑥은 이미 모든 것에 대한 결정은 이루어졌으며 변화가 있을 수 없다는 의미이다. ⑦은 역시 썩 어울리지 않는다는 것을 스스로도 인정하고 있고, ⑧은 너무 힘든 상대를 고른 것이 아니냐는 분위기의 카드이다. ⑨는 결혼을 할 수 있었으면 좋겠다는 것을 심리적으로 뜻하기는 하나 ⑩은 현실적으로 불가능하다는 것을 가리킨다. 스스로도 도저히 오를 수 없는 나무라는 것을 알면서도 좋아하고 있으며, 현재 이미 거의 포기한 듯 보인다.

말발굽형 배열법

Horse Shoe Spread

범용 배열법으로 친구와 싸웠다거나, 사건이 미래에 어떻게 풀려나
갈 것인가를 알아보는 데 사용될 때 가장 큰 효과가 있다.

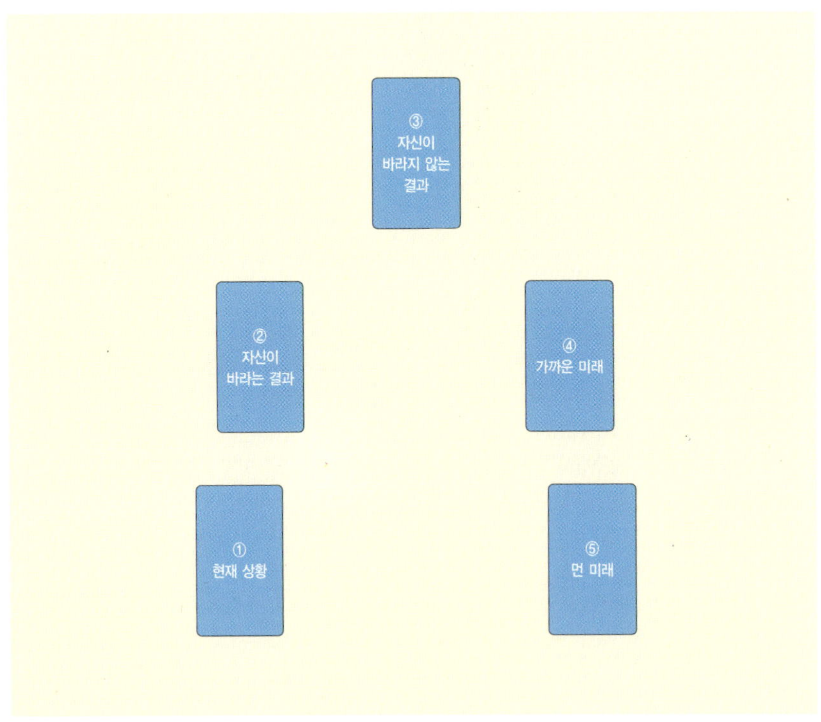

✡ 직장 여성이 동호회 회원과 싸운 경우

③
소년의 검 (역)

②
에이스 금화

④
여덟 개의 금화

①
기사의 금화

⑤
연인

전반적으로 금화가 많이 나온 배열법으로 둘 사이의 관계가 사적인 관계가 아닌 공적인 관계라는 것을 가리킨다. ①은 동료 관계가 흔들리고 있다고 해석할 수 있다. 지금 이 둘의 관계가 다툼으로부터 자유로운 상태가 아니라는 것을 상징한다. ②는 안정을 추구한다. 이 카드는 나중에 ⑤와 연결이 된다. ③은 서로가 무시하지 않기를 바란다는 것을 나타낸다. 소년은 언제나 호기심을 나타내기 때문이다. ④는 배움을 상징한다. ⑤는 아직은 서로가 서로에게 배울 것이 많으므로 ②와 관계가 있다. 결국 이 둘 사이는 연인 관계로 발전해나갈 것이라는 강력한 증거이다.

이 둘의 관계가 현재 안정적이지 못한 이유는 연인 관계도 단지 친구나 동료 관계도 아닌 모호한 상황이기 때문이다. 이제는 연인 관계로 확실히 서로의 관계를 고정시켜서 안정화를 꾀하고 친구였을 때 몰랐던 서로의 장점이나 단점들을 배워나갈 수 있을 것이다.

✡ 한 남자 대학생이 소개팅을 하려는 경우

③
태양

②
탑

④
절제

①
여사제

⑤
소년의 금화

대부분이 메이저 카드인 것은 그 배열법에 담겨 있는 내용이 본인에게 중요한 내용임을 알려주는 증거로 이는 소개팅에 거는 기대가 크다는 것을 가리킨다.

①은 현재 자신은 싱글임을 증명하는 카드로 이 사람이 바람둥이이거나 현재 연인이 있는 상태라면 이 카드가 나올 확률은 희박하다. ②는 현재 상황이 아주 나쁘다는 것으로, 꽤 오랫동안 연인이 없었고, 그 상황에 완전히 적응되어 이미 자신이 외롭다는 것조차 잊어버렸을 것이다. 이 카드는 그런 굳어버린 생활을 뿌리째 뒤흔들어버렸으면 하는 바람을 나타내고 있다. 그렇다면 바라지 않는 것에 타로 카드 중에서 좋다고 꼽혀지는 ③이 나온 것일까? 태양의 의미를 곱씹어보면 그 숨겨진 뜻을 알 수 있다. 태양은 서로 간의 신뢰 관계를 이야기하며 아주 절친한 친구를 의미한다. 그래서 친구보다는 연인을 원한다는 희망으로 보면 좋을 것이다. ④는 당분간 발전은 보이지 않는다는 것을 의미한다. 원래의 의미도 고요한 상태라는 의미로 서로를 보고 첫눈에 반해서 활활 불타오를 커플은 아닐 것이다. ⑤는 이 두 사람의 관계가 어떤 식으로 이어질 것인가를 보여주는 카드인데, 역시 연인으로 발전하기는 무리가 있다. 연인 사이로 발전한다 해도 자신의 공부를 위해서 연애는 뒤로 미루기 때문이다.

✡ 이십대 초반의 여자가 좋아하는 상대에게 고백한 경우 1

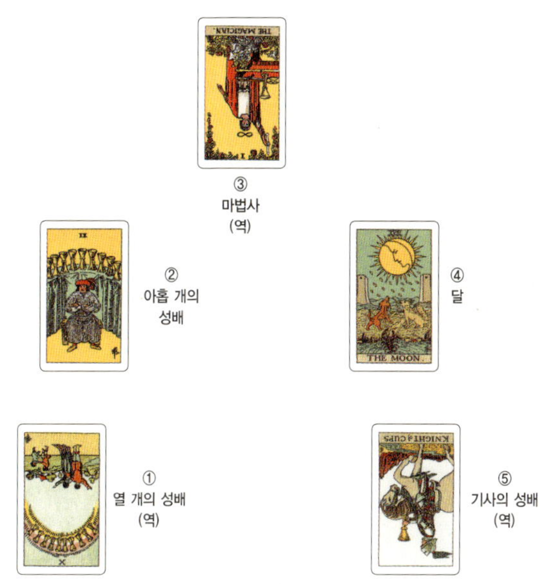

이 배열법은 어중간하게 만나다가 흐지부지 끝나는 상황을 잘 보여주는 배열법이다. ①은 현재의 불안한 마음을 의미하는 카드로 불안한 모습을 보여주고 있다. 바라는 것에 ②는 연인의 모습보다는 단지 친구라도 만족할 수 있다는 모습이다. 그냥 가까이에 있는 것만으로도 만족할 수 있다는 조금은 욕심을 부리지 않겠다는 것이다. 바라지 않는 것에 나온 카드 ③은 자신이 제어하지 못하는 것으로 더이상 자신이 어쩔 수 없는 상황이 되는 것을 의미한다. 그것은 마법사가 정방향일 때 연애의 주도권을 쥐고 있다는 뜻으로 해석된다는 것으로 미루어 보면 쉽게 알 수 있다. ④는 정확하게 어떻게 될지 알 수 없다는 것을 의미하는데, 이것은 그 다음 카드인 ⑤는 진전도 후퇴도 없는 상황을 의미하는 듯하다. 연애를 시작하지도, 그렇다고 더이상 만나지 않는 상황도 아닌 어정쩡한 상황이 이어지다가 결국은 어느 샌가 연락하기 편하지 않은 상대가 되는 결말로 보여진다.

매직 세븐 배열법

Magic Seven Spread

상향 삼각형과 하향 삼각형을 이루는 다윗의 별의 형태로 상향 삼각형은 현재의 상태와 과거, 미래를 조명하는 역할을 하는데 기본 배열법이 변형된 모습이다. 하향 삼각형은 문제에 대한 해결책과 그것의 주변에서 영향력을 미치고 있는 세력에 대한 모습을 보여준다. 그리고 그 두 삼각형의 공통되는 중앙에 결과를 보여주는 일곱번째 카드가 놓인다.

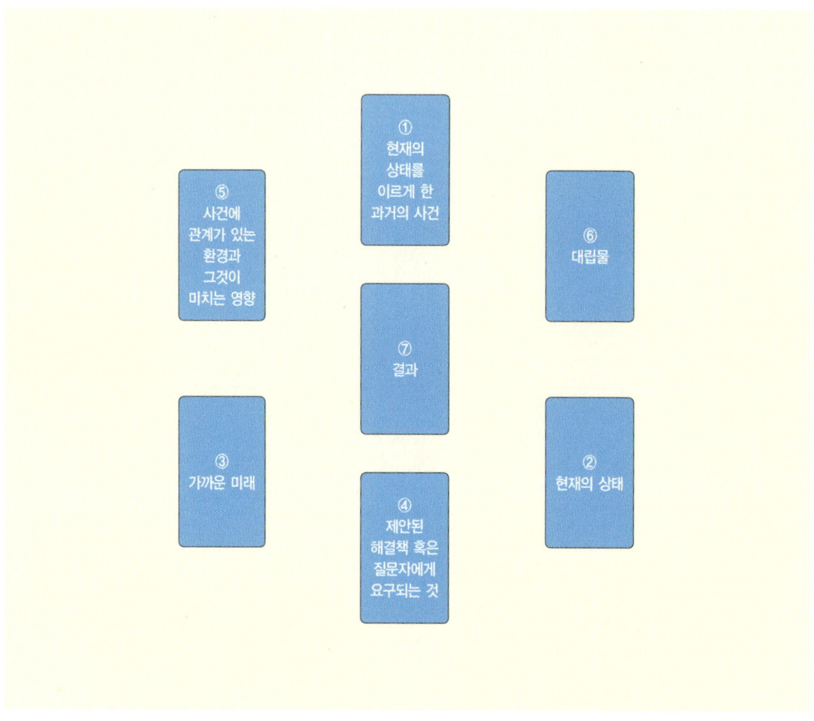

✡ 삼십대 직장 여성이 이직을 고민하는 경우

기사는 일반적으로 또래를 가리킨다. 그런데 직업에 대한 이야기이면서도 검이나 지팡이가 아닌 성배가 나왔다는 것은 동료 중에서도 아주 친하거나 같은 사무실에서 계속 얼굴을 마주쳐야 하는 사람일 확률이 높다. 그런 사람들과의 관계가 역방향으로 나타났다는 것은 이 사람이 이직을 결심하게 된 직접적인 원인이 이 사람들과의 사이에서 문제가 생겼기 때문이다. ②는 직장에서 일을 바라보는 자기 모습의 투영이다. 광대는 그 자체만으로 어떤 일이든 주어지기만 하면 잘 해낼 수 있다는 자신감과 정열이다. 그러나 역방향은 일에 대한 능률 저하와 무기력한 모습을 나타낸다. ③은 실직 상태가 될 수 있음에 대한 경고이다. 물론 여왕의 검의 역방향이 모두 실직 상태를 의미하지는 않지만 여기서는 그런 의미를 지닌다. 여왕의 나태함과 게으름이 역방향으로 나와서 더욱 강해지고, 검은 일에 대한 이야기이기 때문이다. ④는 이미 이 사람이 이직을 마음속에서 결정을 내렸다는 것을 가리킨다. ⑤는 자신의 주변 상황을 보여주는데, 이 사람의 변화에 대해 무관심한 모습이다. 이미 마음의 정리까지 끝냈기 때문일까? ⑥은 이직을 끝까지 막아보려는 직장 상사이다. ⑦은 결국 이직을 하게 되거나 그렇지 않더라도 감정이나 마음이 다쳐서 상처 입는 것을 피할 수는 없음을 의미한다.

이 배열법을 전체적으로 판단하고 조언을 해주자면, 새로운 직장을 알아보되, 섣불리 사표를 쓰는 것보다는 다른 직장을 알아보고 자신의 마음이 다치지 않도록 조심해야 할 것이다.

✡ 집안의 반대가 예상되는 한 연인의 경우

많은 역방향 카드들로 조짐이 좋지 않은 배열법이다. 하나하나 살펴보자면 ①은 자신의 의견을 당당하게 주장하지 못함을 상징한다. ②는 자신에게 주어진 것조차 제대로 누리지 못할 만큼 억눌려 있음을 가리킨다. ③은 그런 상태가 앞으로도 딱히 큰 변화 없이 계속 진행될 것을 암시하고 있다. ④는 딱히 방법은 없음을 의미하며, 이것은 또한 금전적인 문제는 해결의 방법이 되지 못한다는 것을 의미한다. ⑤는 결국 주변의 상황들은 이 두 사람의 관계를 서로에게서 멀어지게 한다는 것을 보여준다. 그런데 그런 것들의 가장 큰 문제가 무엇인가를 보여주는 카드가 ⑥이다. 결국 진짜 문제는 돈 문제도, 주변의 환경 요인도 아닌 남자의 자신감 부족에 기인한다는 것을 말해주는 것이다. ⑦은 유일한 정방향 카드로 분쟁을 의미한다. 타로 리더로서 바라는 것이 있다면 남자가 분발해 하루속히 자신감을 갖는 것이 가장 좋은 해결책이라고 하겠다.

✡ 이십대 초반의 여자가 좋아하는 상대에게 고백한 경우 2

현재의 상태를 만든 과거의 사건은 역시 조금은 위험하고 섣부른 행동이라는 ①이 나왔다. 아직은 고백을 할 때가 아니었던 것 같은데 조금은 서두른 감이 있다. ②는 안절부절 못하는 모습을 보인다. 겉으로는 태연하게 아무렇지 않은 모습이었는데 의외로 상당히 불안정한 느낌의 카드가 나왔다. ③은 현재의 모습이 계속 이어지는 듯한 모습으로 큰 감정적 충돌이나 갈등이 있어 보이지는 않지만 계속 안정되지 않는 기운의 카드이다. 이 상태를 벗어나기 위한 해답으로 ④는 잠깐의 기분 전환을 위한 여행이나 가벼운 모임 등으로 불안한 기분을 떨쳐내고 대답을 기다리는 편이 더 좋을 것 같다는 의미이다. 이 사건에 대한 영향을 주는 환경에 ⑤가 나와서 주변 사람들과의 불화가 나왔는데, 이것은 본인의 불화가 아니라 아마도 그 남자가 요즘 겪은 일을 의미하는 듯하다. 그 남자는 얼마 전 여자 친구와 헤어졌다고 하던데, 그것이 이 카드가 의미하는 사건인 듯하다. 아마도 그 남자가 적극적인 답을 해오지 못하는 것은 이 카드의 영향일 수 있다. 그리고 대립물로는 ⑥이 나왔는데 아마도 곧 군대를 가야 하는 남자의 처지라 판단된다. 이것이야말로 이 커플의 앞을 가로막는 가장 큰 대립물이라 하지 않을 수 없다. 마지막으로 결과 카드에 ⑦이 나왔는데 아무래도 연인으로서의 진전은 조금 힘들지 않나 싶다. 여러 가지 방해하는 카드도 그렇고, 이 카드 역시 좋은 친구 관계를 한계로 하는 카드이기 때문이다. 그냥 좋은 친구 하나 사귈 수 있었다고 마음먹는 편이 더 좋겠다.

컵 오브 릴레이션십 배열법

Cup of Relationship Spread

세 장으로 이루어진 일종의 선형Line 배열법으로 기본적으로 과거, 현재, 미래를 상징한다. 이 배열법은 일반적인 범용으로도 활용이 가능하다.

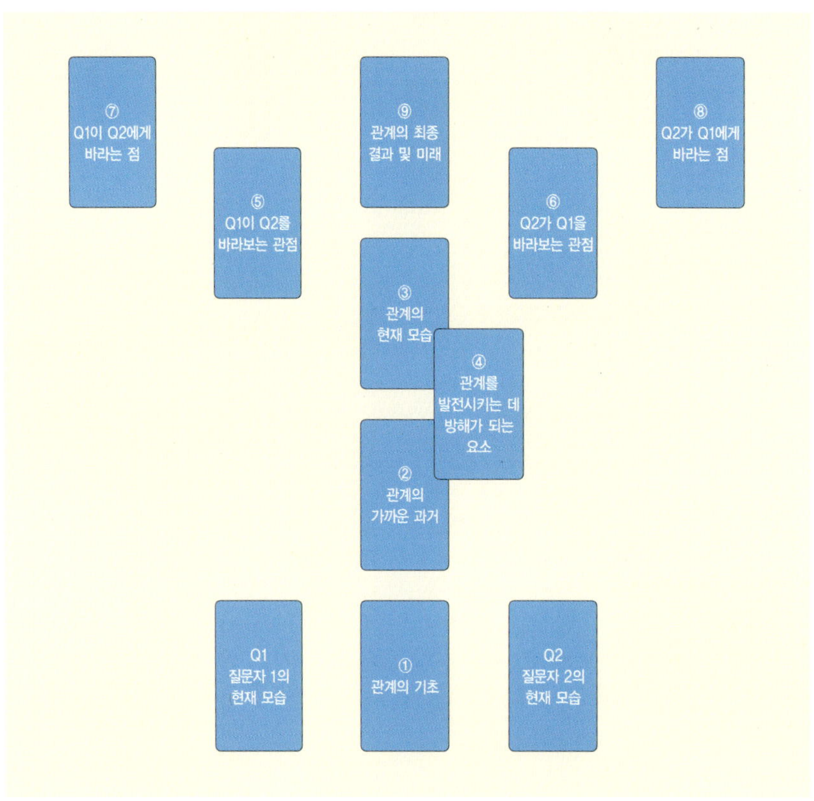

✡ 사랑을 시작하려는 상대가 직장 동료인 여자의 경우

Q1은 새로운 연인을 만날 만반의 준비가 끝났음을 알려준다. Q2는 흔들림을 의미하는데 언뜻 보기에는 나쁜 의미로 보일 수 있지만 연애를 시작하는 이들에게는 자극이 된다. ①은 관계의 기초로 처음에는 서로에게 조언과 기댈 수 있는 상황에서 만났다는 것을 의미하고, ②는 둘 사이의 만남이 비교적 공식적인 자리에서 만났음을 나타내고 있다. ③은 연인의 모습보다는 일반적인 동료의 모습이다. ④는 서로가 좋아하는 감정을 가졌음에도 아직까지 동료인 것은 제대로 표현하지 못하고 대담하게 밀어붙이지 못했기 때문이다. 남자가 보는 여자의 모습은 ⑤로 완벽하게 동료의 모습이고, 여자가 보는 남자의 모습은 ⑥으로 여성 특유의 감정 상태가 나타난 형태인데, 간단하게 말해 좀더 아끼고 보살피고 싶다는 모성 본능을 자극하는 모습이라는 것이다. ⑦에서 남자는 여자가 가식적인 동료 관계를 버렸으면 좋겠다고 바라고 있다. 하지만 여자는 ⑧에서 이젠 헤어지기를 바란다고 나타난다. ⑨는 생산적이지 못한 이 관계가 조금은 더 유지될 것임을 보여주고 있다. 하지만 이런 관계는 얼마 유지 못할 것이다.

✡ 어떤 연예인 커플의 경우

Q1에서는 남자가 연인과의 만남으로 여러 가지 분쟁에 둘러싸여 곤란한 상황에 처해 있음을 알려준다. 그에 반해 Q2, 여자는 현재 아무런 걱정도 없고, 거리낄 것도 없다. ①, 둘 사이의 관계는 금전적인 문제가 기초해왔지만, 흔히 말하는 성매매와는 다르다. ②는 실연을 기초로 한다. 다른 여자를 버리고 시작한 연애이기 때문에 남자가 괴로워하는 것이다. ③은 그것으로 인해 주변의 시기와 질투를 받고 있으며, 방해하는 것은 ④이다. 이 관계를 공고히 하지 못하는 원인은 서로에게 바라는 것이 없고 금전이 기본이 되는 관계이기 때문이다. ⑤, 남자는 여자를 정말로 사랑하고 있지만, ⑥, 여자는 남자의 집안이 좋아서 만나고 있다. 이것이 금전을 기초로 했지만 성매매와는 다르다고 말한 이유이다. ⑦, 남자는 자신을 사랑해달라고 말하고 있고, ⑧, 여자는 너무 심각하게 생각하기 싫어한다. ⑨, 결국 이 상태가 큰 변화 없이 이어질 것이다. 서로가 원하는 것은 다 얻었기 때문에 이 관계가 계속 유지되는 것이다. 이 커플은 이름만 대면 알 수 있는 연예인 커플로 한때 사회문제를 일으켰던 커플이지만 여기서 이름은 밝히지 않도록 하겠다.

✡ 이십대 초반의 연인이 동거중인 경우

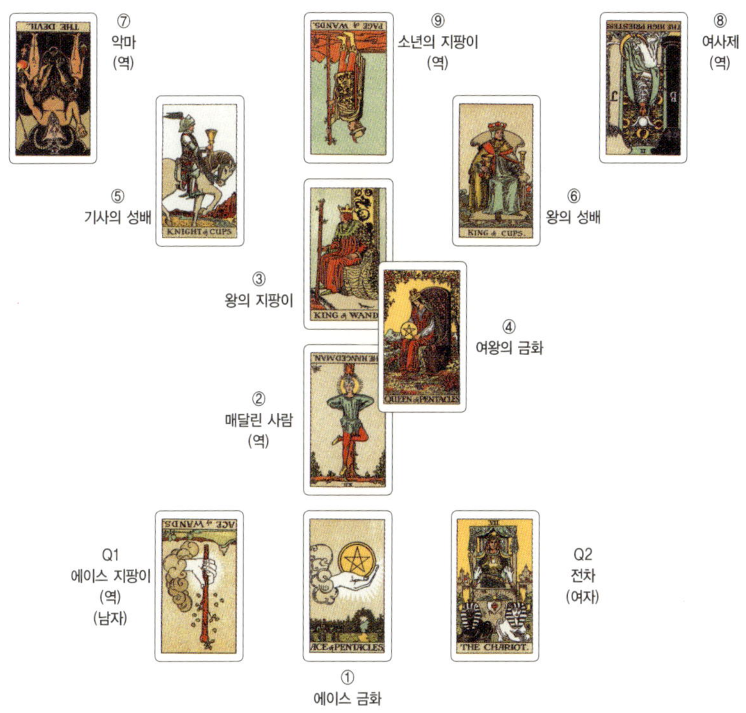

Q1은 일에서 약한 모습을 보여준다. 그 반면 Q2에서 여자는 아주 빠른 행동력을 보이는 사람이다. 이 둘의 가장 큰 차이점은 역시 자신의 생각을 얼마나 강력하게 주장하느냐이다. 물론 이럴 경우 이렇게 한쪽이 강하면 다른 쪽은 약한 편이 더 좋은 인연인 경우가 많다. ①은 서로를 믿고 의지하며 신뢰할 수 있다는 것을 의미한다. 연인 사이의 기반으로 아주 좋은 카드이다. ②는 동거를 처음 결정한 것이 조금은 서두른 감이 없지 않다. ③은 아주 좋은 상황이어야 하는데 그렇지 않아 잘 이해가 되지 않았는데, ④에서 과소비까지는 아니지만 금전적인 문제가 원인이라고 대답하였다. 다른 모든 문제를 제외하고 오직 금전적인 문제만이 이 커플의 문제라고 판단되는 부분이었다. 서로를 바라보는 관점은 ⑤, ⑥ 모두 부드럽고 따뜻하기 그지없다. ⑦, ⑧ 모두 성적인 내용이 담겨져 있다. 그리고 ⑨는 이 커플의 미래가 그리 순탄치만은 않으리라는 예상을 한다. 그러나 기반이나 서로를 바라보는 관점 자체가 너무 좋기 때문에 이 커플의 만남은 계속 지속될 것이고, 이 난관은 곧 없어질 것이다.

나선형 배열법

Spiral Spread

기본 배열법의 확장된 모습이다. 과거와 미래를 외부의 영향, 자신의
감정, 자신이 한 행동으로 자세하게 나누었을 뿐 형태는 기본 배열법과
같다.

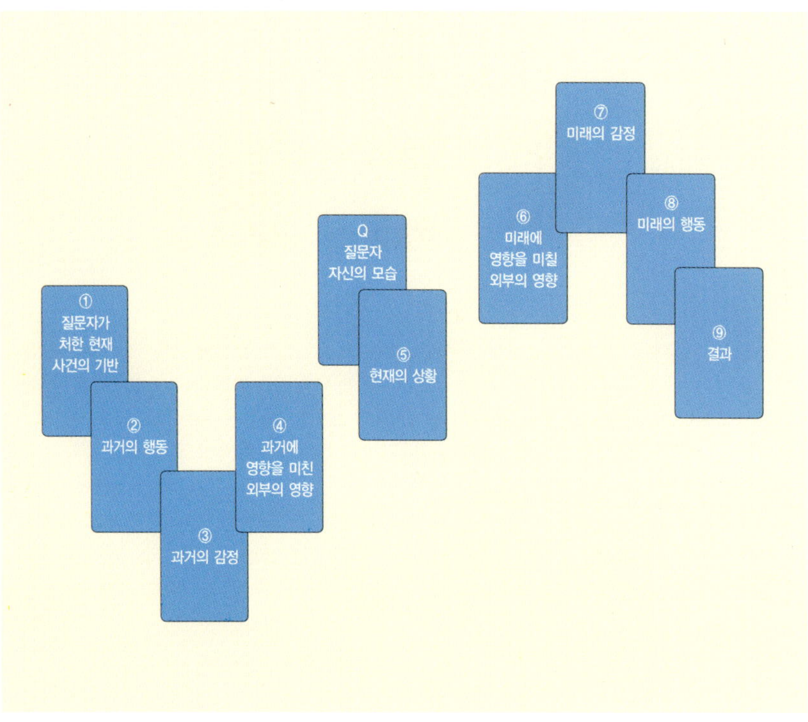

✡ 개인 사업으로 카페를 하고 있는 한 여자의 경우

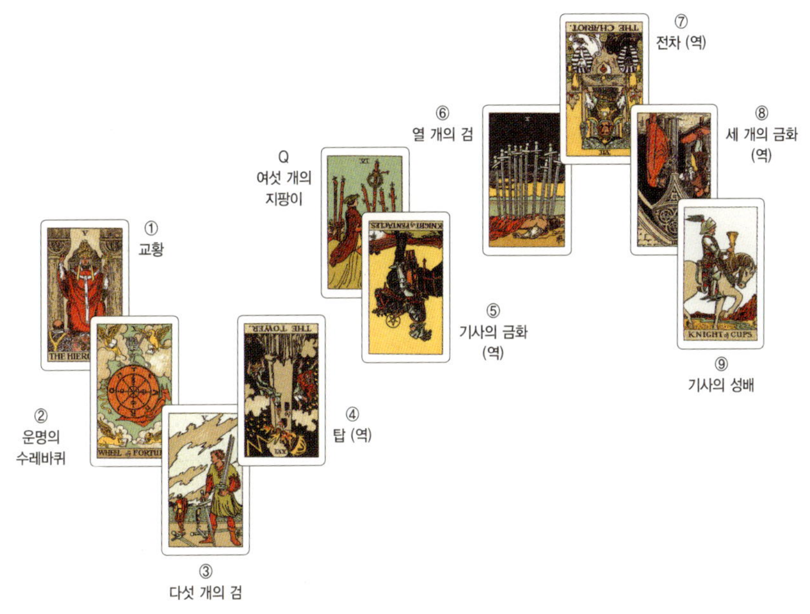

Q는 다른 사람에게 인정받지 못하고 있음을 나타낸다. 그렇게 된 원인은 ①로 결국 자신의 완고함과 보수성 때문이다. ②는 어떤 방향으로든 일단 움직여야 하는 상황이었고 ③, 강력한 경쟁자로 인해 위기감을 느꼈기 때문이다. 그리고 그 당시 그렇게 스스로 움직일 수밖에 없었던 것은 주변 상황이 ④로 자신 스스로가 움직이지 않으면 아무것도 변하지 않았기 때문이다. ⑤는 동료라고 믿고 활동할 만한 사람이 없는 상황이고, ⑥으로 대내외적으로 괴로운 상황이 이어지는 것을 알 수 있다. ⑦은 패배감이나 실패에 대한 당혹감에 대표적인 카드이다. 결국 ⑧, 조금 손해를 보더라도 지금 하고 있는 사업을 정리하게 될 것이다. ⑨는 결국 자신에게 가장 도움이 되고, 끝까지 도움을 줄 수 있는 사람은 배우자뿐이라는 것을 보여주는 것이다.

✡ 사회적 물의를 일으키고 도미한 한 연예인의 경우

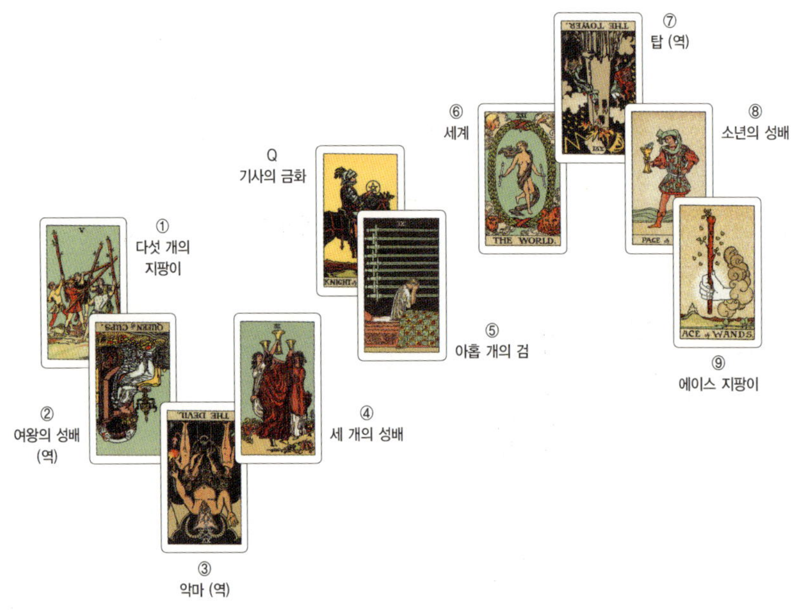

Q는 원하는 목적을 위해서 열심히 정열적으로 활동하는 모습을 나타낸다. 하지만 이렇게 큰 노력을 들이게 된 원인은 ①로 주변 사람과 의견이 맞지 않았기 때문이다. 사실 자신이 주변의 많은 사람들을 실망시켰기 때문에 이렇게 '다툼'의 카드로 상황을 보여준다. 과거에 그는 ②로 그를 믿어주는 많은 사람들을 기만하고 배신한 적이 있다. 물론 그것이 그가 원했던 것은 아니다. ③이 과거의 감정 상태로 나타난 것으로 보아 스스로 원하지는 않았지만 어쩔 수 없는 선택이었음을 알 수 있다. 그리고 그의 주변의 모습은 ④로 가까운 사람들은 그의 그런 선택을 지지했었다. 그래서 현재 그는 ⑤, 스스로 주변 사람을 속였다는 죄책감과 자신의 돌이킬 수 없는 선택이 불러온 일로 인해서 가슴앓이를 하고 있다. 일은 열심히 해보려 하지만 역시 그에게 실망한 사람들로 인해서 점점 더 골치 아픈 상황이 되어가는 것이다. 하지만 ⑥으로 앞으로의 일들은 비교적 잘 풀릴 것이며, 그때 자신은 ⑦로 손해보긴 했지만 잘 되어가고 있다고 느끼게 될 것이다. ⑧은 새로운 지지자들을 많이 만나게 되어 일들은 곧 잘 풀리게 되고, 결과적으로 ⑨에서 다시금 많은 일들을 하게 되고, 지지를 얻게 될 것이다.

✡ 유흥업에 종사하는 한 여자가 금전적인 문제로 고민하는 경우

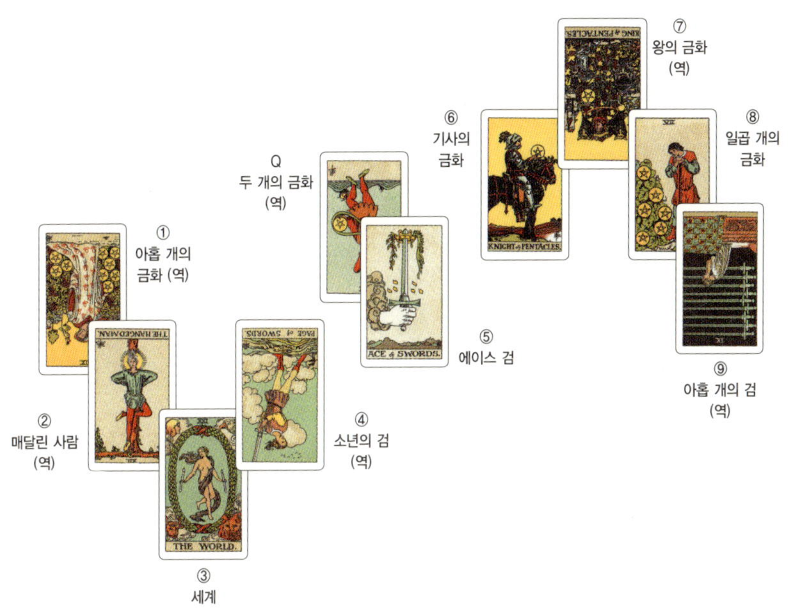

Q는 이것도 저것도 모두 선택할 수 없는 진퇴양난의 상황이라는 것을 나타낸다. 어느 쪽을 선택해도, 또 현재 상태를 계속 유지하는 것도 좋은 선택이 될 수는 없다. ①에서는 이런 상황이 되게 된 원인이 금전적인 문제 때문이라고 보고 있다. ②는 금전적인 부족 상태에서 뒷일을 크게 고려하지 않고 너무 섣부르게 이 일을 시작했다는 것을 가리킨다. ③에서는 그것이 자신으로서는 최선을 다한 선택이고, 그것에 후회는 없다는 마음가짐이다. ④ 역시 아직은 세상물정 모르는 어린 나이였던 것이 그 선택의 원인이 되었던 것이다. 그러나 ⑤를 보면 이제 부끄러움이나 사회적 인식은 없어지고, 직업으로서 장사를 받아들이게 된 것 같다. ⑥은 사업상 알게 되는 사람이나 혹은 남자가 끼어드는 것을 가리킨다. ⑦, 처음부터 못 미더워하기는 했고 결국 물욕에 눈이 어두워 ⑧, 자신이 이미 가지고 있는 것에 만족하지 못하고 다른 것에 눈을 돌리다가 크게 낭패를 보게 된다. 결국 ⑨에서는 고민이나 갈등만 더 심하게 되는 것으로 보인다. 이 사람의 경우는 앞으로 만나게 되는 사람(특히 사업 투자를 하라는 남자)들을 조심하고, 성형수술 등은 하지 말도록 권해주었다. 그리고 자신이 지금 하는 일이 주변 사람들에게 알려질 수도 있으니 주의하라는 충고도 잊지 않았다.

행동 배열법

Action Spread

어떤 행동의 결정을 알고 싶을 때 사용하는 배열법이다. 알고는 있
지만 인정하고 싶지 않은 가장 핵심적인 내용을 표현해준다.

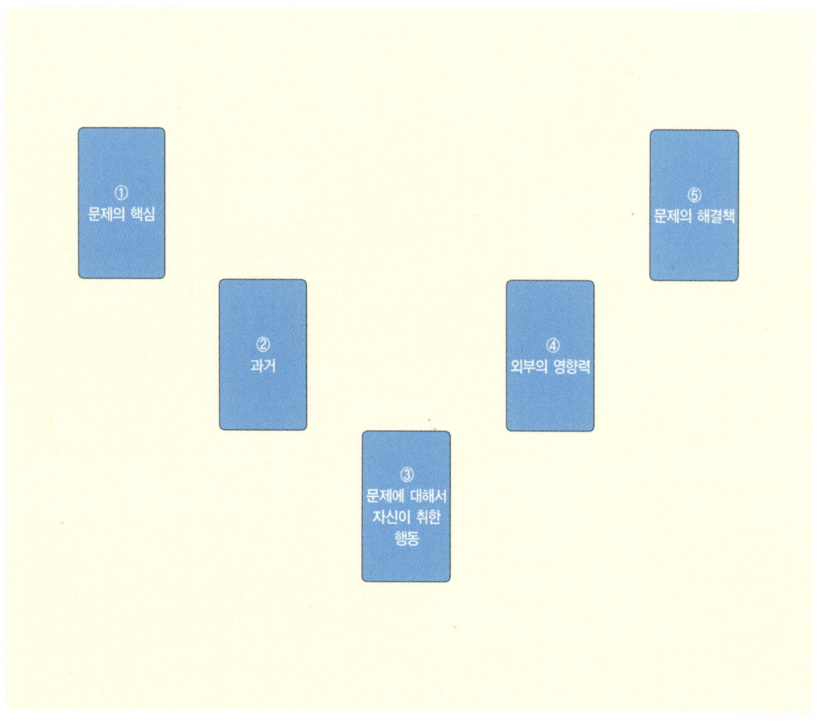

✡ 비리에 연루된 어떤 정치인의 경우

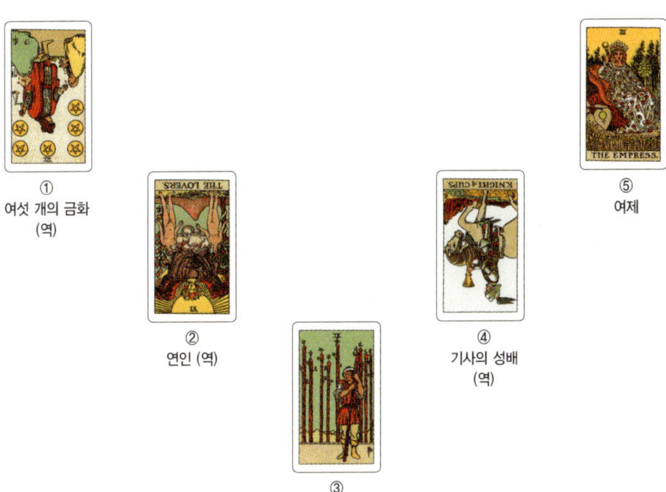

①은 자신을 위해 남들의 이목에는 신경 쓰지 않는 이기심이다. 어떤 문제로 고민하고 있던 차에 주변에서 좋지 못한 유혹을 해온다는 것을 ②를 보면 알 수 있다. ③에서는 자신의 위치와 안위를 지키기 위해서 자신이 할 수 있는 모든 시도를 했지만, 결국 그는 그 유혹을 받아들였다. ④는 이 사건으로 그는 주변에서의 신망을 많이 잃게 되었다. ⑤는 결국 비리 문제도 다른 정치인들과 마찬가지로 흐지부지 사라지길 기다리는 것이 가장 좋은 해결책이다.

✡ 우리 나라와 미국 간의 SOFA 개정 문제의 경우

① 세계 (역)

② 기사의 성배 (역)

③ 소년의 금화 (역)

④ 일곱 개의 금화

⑤ 왕의 성배

①은 서로 간에 동등하지 못한 위치에서 한 계약이라는 것을 나타낸다. 게다가 ②는 믿었던 우방을 배신한다는 카드이다. 공평하지 못하다는 것을 강하게 보여준다. 그 문제를 해결하기 위한 우리나라의 대처 방안은 정말 당황스럽게도 ③, 모르는 척하는 것뿐이었다. 그리고 ④는 진짜 중요한 것이 무엇인지 모른 채 다른 것들에 현혹되고, 또 하는 카드이다. 이 경우는 SOFA 독소 조항의 개정보다는 그것을 그대로 둠으로써 얻는 아주 미미한 이익들에 눈이 어두웠던 것이 아닐까? ⑤에서는 자신이 아끼고 사랑하는 나라와 국민들을 지키기 위해서 최선을 다하는 것만이 진정한 해결책이 될 수 있음을 가리킨다.

✡ 작은 카페를 운영중인 젊은 남자의 경우

① 두 개의 검

② 열 개의 지팡이 (역)

③ 에이스 검 (역)

④ 별

⑤ 왕의 지팡이 (역)

문제의 핵심을 나타내는 카드에 ①은 자신이 중대한 결정을 했음을 의미한다. 아마도 카페의 개업을 결정하는 것과 관련이 있어 보인다. 그러나 그 결정은 자신에 의해서 천천히 고려하고 이루어진 것이 아니라 급작스럽게 둘 중 하나를 선택해야만 하는 상황에서 결정하게 된 것이고, 이것은 더 나아가 자신이 진정으로 원하는 것이었는지 아닌지도 모른 채 결정을 했을 수도 있다. ②에서 그는 그동안 자신이 아주 힘들게 일했다고 생각하고 있다. 물론 많은 일들을 했음은 분명하다. 하지만 지금의 문제에 대해서 자신이 현재 하고 있는 일은 ③으로 현상 유지 정도이다. 크게 더 나아가거나 진전시키기 위한 노력의 모습이 보이지 않고 있다. 그러나 이 문제는 외부의 영향력을 보여주는 카드인 ④에 의해서 도움을 받아 거의 모든 일들이 잘 풀려갈 것으로 보인다. 문제의 해결책으로 제시된 ⑤는 무리한 진행을 하는 것보다는 카페가 활성화될 때까지 약간의 시간을 더 기다리는 것이 도움이 될 것이라는 의견이다. 이런 경우 자신의 역할보다는 오히려 시간의 지남이 더 큰 도움이 되겠다.

원소 배열법

Spread of the Elementals

자신의 균형적인 발전을 위해서는 어떤 것이 필요한지, 현재 균형적으로 발전하고 있는가를 알기 위해서 만들어진 배열법이다. 각 방위가 가지는 의미에 힌트를 얻어 만들어진 것으로 자신을 거울에 한 번 비춰본다는 느낌으로 사용하면 좋을 것이다.

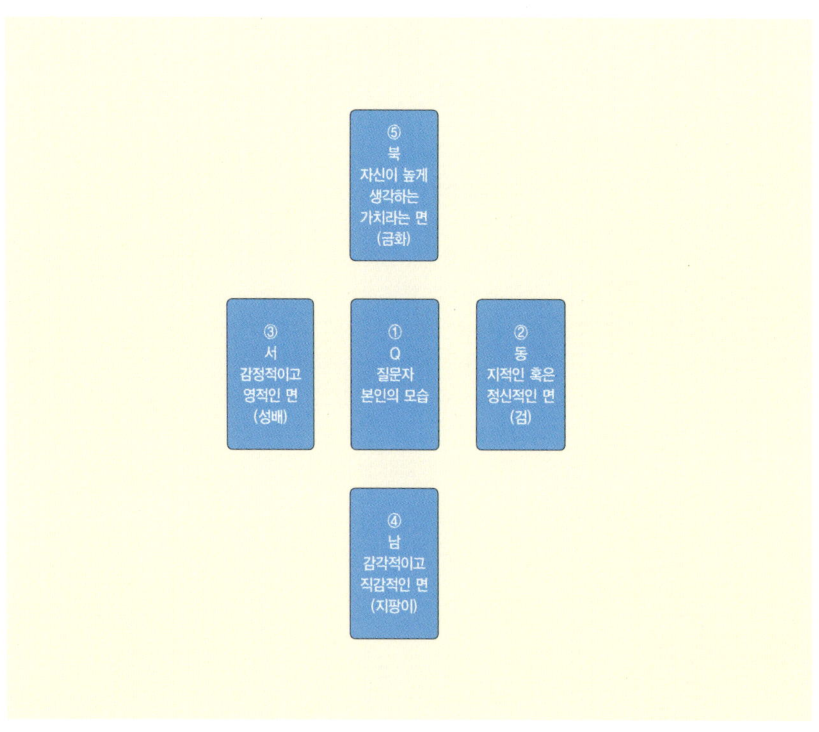

 **이십대 초반의 여자가 자신의 정체성을 고민하며 상담해온 경우**

①은 상당히 포부가 크고 이루고 싶은 꿈이 있음을 가리킨다. ②에서는 자신의 지적인 면을 많이 소모하는 사람이라는 것을 가리키는데 거만한 사람이라고도 할 수 있다. ③은 직감이 뛰어난 사람이기도 하지만 도박이나 유혹 들에 약한 면을 가지고 있다. ④에서 이 사람이 가장 바라는 것은 행복한 가정이다. 직업도 중요하지만 그런 목표의 근본은 행복한 가정이다. ⑤는 지적인 면을 가장 중요한 덕목으로 생각하는 사람이다. 그리고 사담이지만 실제로 일반적인 사람들이 봤을 때 천재에 가까운 사람이다.

✡ 이십대 중반의 남자가 자신의 정체성을 고민하며 상담해온 경우

①은 친구로 지내기 부담 없는 사람이라는 평가를 하고 있다. ②에서 그는 큰 결실을 얻지 못했고, ③은 많은 재능을 보인다. ④는 의외로 유혹에는 약하다는 것을 가리킨다. ⑤는 여유로운 삶을 사는 것을 가장 중요한 덕목으로 생각하고 있다. 이 사람은 실제로 동료로 지내기 편한 타입이며, 직장생활의 답답함을 참지 못해 개인 사업을 하고 있다.

✡ 유학중인 이십대 중반의 여자가 상담해온 경우

질문자 자신의 모습에 ①이 나와서 비교적 낙천적이며 세상의 흐름에 거스르려 하지 않는 기본적인 성향이라는 것을 나타낸다. 자신의 정신적인 면에 대해서는 ②로 자신이 내린 판단에 불안해하는 경우가 많다. ③에서 아직은 목표 의식이 뚜렷하지 않다고 보인다. 감정적인 모습에 대해서는 낙관적인 카드, ④를 보여준다. 역시 세상에 거스르지 않는 것에 대한 카드, ⑤가 나왔다. 카드 모두가 자신의 주장을 강하게 하기보다 세상의 흐름에 흘러가듯 끌려가는 카드들이다. 이 여자는 흐름에 따른다기보다는 오히려 무기력할 정도로 자신의 주장이 없는 편이다. 전체적으로 낙관적이기는 하지만 감정적으로 밝은 분위기가 아니어서 혼자 있을 때 종종 우울해하는 경우가 많다. 기분 전환을 자주하고, 자신이 진정으로 원하는 것이 무엇인지 알아보는 것이 선행되어야 한다.

새로운 연인 배열법

New Lover Spread

새로운 연인을 알아보기 위한 싱글들의 배열법이다. 이 배열법은 하나하나가 개별적인 질문의 연속이다. 즉 6개의 원 카드 배열법의 집합인 셈이다.

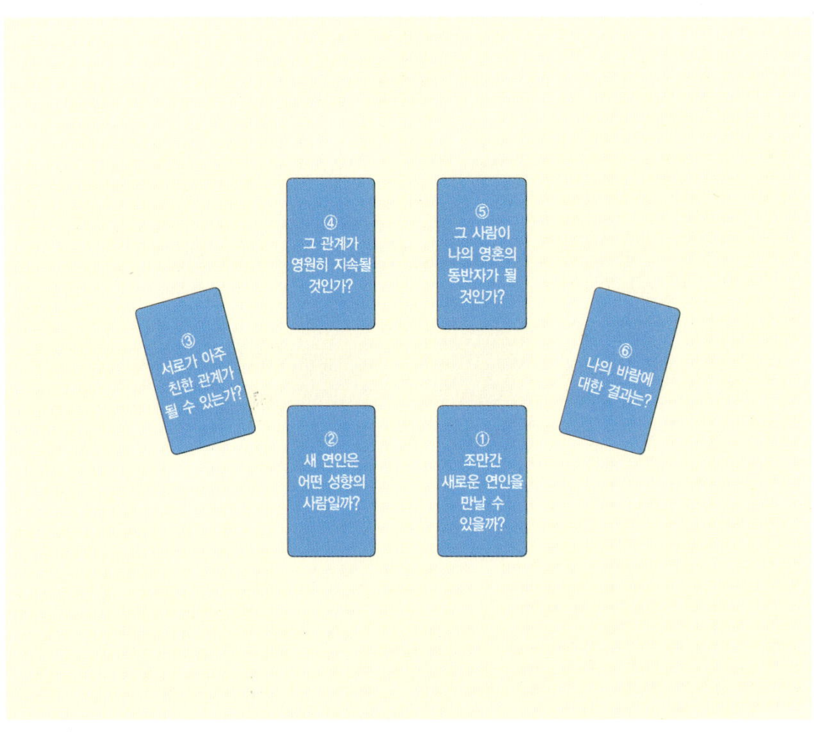

✡ 이제 막 누군가를 좋아하게 된 남자의 경우

①이 워낙 불길해 뒤의 카드들은 거의 무의미해지고, 때가 아니니 서둘지 말라는 말로 마무리를 해야 하지만 어쨌든 뒤의 카드들도 차근차근 살펴보자.

②는 현실을 직시하고, ③은 서로 친한 관계가 될 수 없음을 의미한다. ④는 긍정적인 대답으로 이 배열법의 핵심이다. 왜 전부 좋지 않은 방향으로 나왔는데, 이 카드만 긍정적인 것인가? 그것은 ⑤를 보면 알 수 있다. 이 둘의 현재 관계는 연인으로서의 만남은 힘들겠지만 영혼의 동반자, 친구로서는 가능하다는 강력한 증거가 된다. ⑥은 아직은 시기가 아니라고 결론을 내렸다. 그것은 상담자가 현재 군인인 데 가장 큰 이유가 있을 것이라 판단된다.

도둑 잡기 배열법

A Thief at Home Spread

이 배열법은 집에 도둑이 들었을 때 사용할 수 있는 특수한 배열법
이다. 활용도가 높지는 않지만, 물건을 잃어버린 다음에 한 번쯤 사
용해볼 만하다.

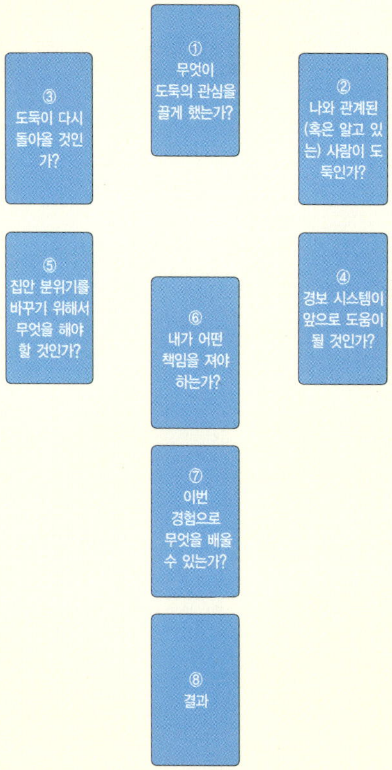

✡ 배열법 연구를 위한 연습용 예제 1

이 사람의 집에 도둑이 든 이유는 평소에 그의 행동에 문제가 있었던 것 같다. ①이 그 위치에 나왔다는 것은 평소에 조금 뻐기거나 자신의 성공을 너무 자랑해서 그것이 도둑이 관심을 가지게 되는 이유가 되었던 것이다. 그것은 다음을 봐도 잘 알 수 있는데, ②는 이미 과거에서부터 알고 있던 사람일 확률이 높다는 것을 가리킨다. 게다가 ③은 자주 들락거리던 사람으로, 또다시 방문할 것임을 알 수 있다. ④로 만약 여유가 있어서 새로 경비 시스템을 바꾼다면 큰 도움이 될 것이다. ⑤는 가구의 리뉴얼을 필요로 하는 것이다. 최소한 가구의 배치라도 바꾸는 편이 분위기 전환에 도움이 될 것이다. ⑥, 집안 분위기를 다시 밝고 환하게 바꾸는 것이 본인의 몫으로 남았다. 이번 사건으로 얻을 수 있는 교훈이 있다면 ⑦, 주변 사람들과의 인간관계를 더욱 돈독하게 해야 하고, ⑧은 모든 일에 너무 서두르지 말고 조금은 천천히 진행하는 것이 좋다는 것이 결론이다.

사업운 배열법

Business Spread

개인 사업을 준비하는 사람들을 위한 배열법이다. 현실적으로 많은 사
람들이 자신만의 사업을 하려고 하기 때문에 상당히 실용적이다.

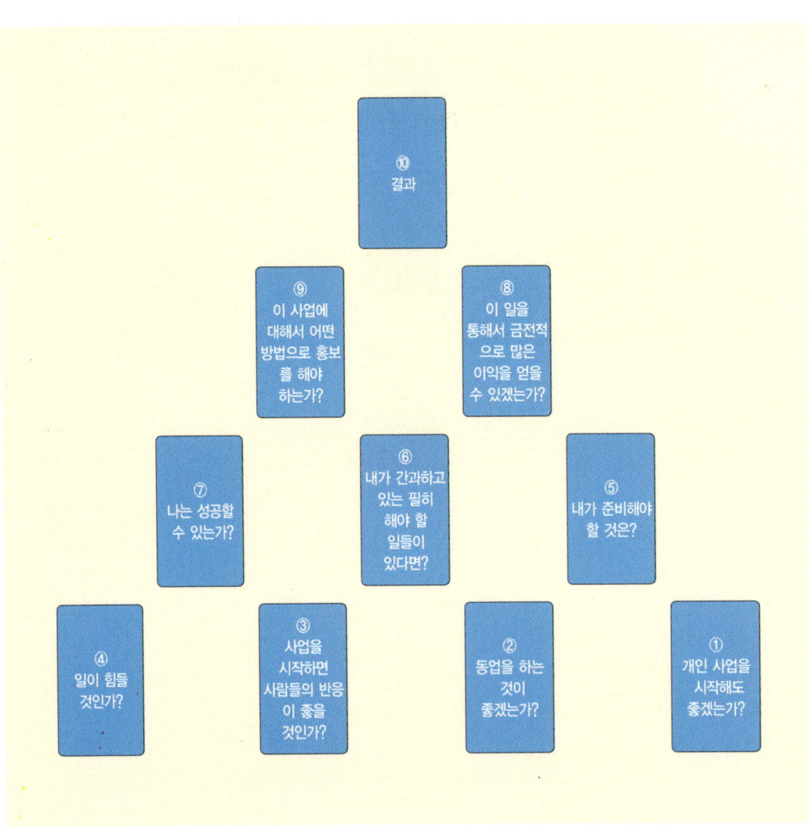

✡ 새로운 사업을 시작하려는 삼십대 남자의 경우

기본적으로 금전운이 좋다. 게다가 ①은 상당한 재물운이 있다. ②, 동업을 할 수 있다면 하는 편이 좋겠지만 기왕이면 부지런한 여자를 쓰는 편이 좋다. 그리고 동등한 입장보다는 자신이 우두머리가 되고, 동업자가 조력을 하는 형태가 좋겠다. 사업을 시작할 경우 사람들의 반응은 ③, 어느 사업이나 마찬가지이겠지만 처음엔 상당히 고생할 것이다. 일도 그리 많이 들어오는 편은 아니다. ④는 상당히 즐기면서 할 수 있는 일이라는 것을 알 수 있다. 자신이 이 일을 하기 위해 준비해야 할 일은 ⑤로 그 일에 대해서 잘 알고 있는 조력자를 찾는 일이다. 아직 자신은 그 일을 사업으로 시작했을 때 어떤 벽에 부딪히게 될 것인지 잘 모르고 있다. 그런 실무적인 일에 대해서 조언을 들을 수 있는 컨설턴트를 찾아보는 것이 좋겠다. ⑥ 역시 아직 정확하게 자신이 원하는 목표가 무엇인지는 모른다. ⑦은 이 사업으로 상당한 부를 누릴 수 있음을 가리킨다. 하지만 그만큼 빠져나가는 것도 많으니 주의해야 한다. ⑧, 상당한 금전적 이익을 얻을 것이다. ⑨로 기존에 알고 있는 것 이외에 새로운 홍보 수단을 이용하는 것이 좋겠다. ⑩, 사업적으로 충분히 승산이 있고, 큰 이익을 얻을 수 있지만 아직 미비하니 더 준비를 하는 편이 좋겠다.

직업운 배열법

Career Spread

전문직을 원하는 사람들, 이직을 원하는 사람들에게 사용하기를 권한다. 실제로 이직을 생각하는 사람은 상당히 많다. 잘 익혀두면 적절히 사용할 수 있을 것이다.

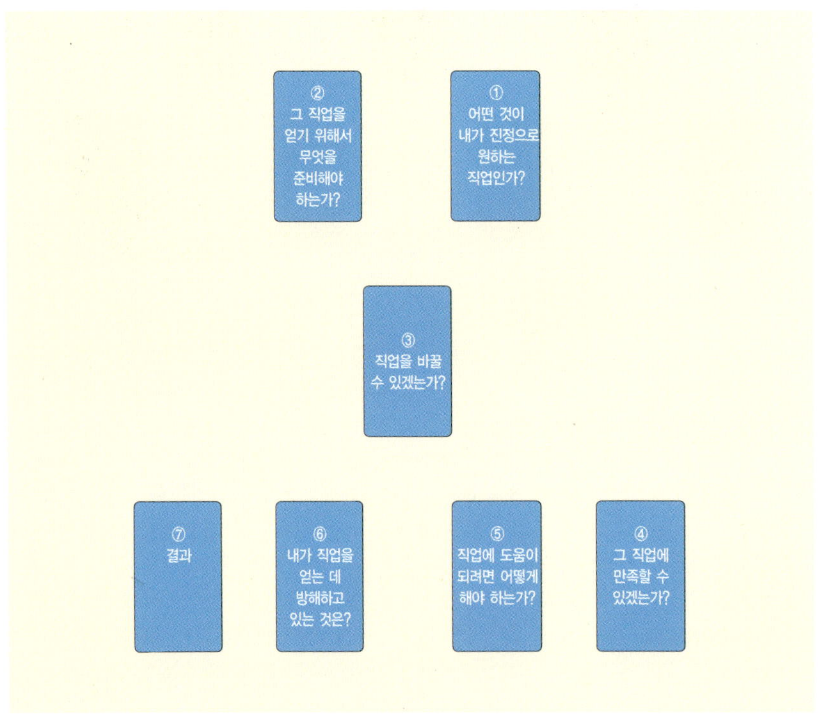

✡ 취업 준비를 하는 한 사람의 경우

①에서 이 사람은 남들에게 인정받을 수 있는 안정적인 생활을 바라는 사람이다. 그 직업을 얻기 위해서 해야 할 것은 ②로 결단, 결심이다. 결국 그런 직업을 얻지 못하게 된 것은 자신이 원인이며 자신이 마음을 어떻게 가지는가에 따라서 얻을 수도, 얻지 못할 수도 있다는 이야기이다. ③, 새로운 일들에 관심이 많고, 호기심이 많아 이직이나 전직이 잦다. 그래서 직업이 자주 변할 수 있기는 하지만 이 사람이 진짜 원하는 것은 이직이나 전직이 아니다. ④는 직업에의 불만을 뜻한다. 항상 많은 호기심으로 인해 한 직장 안에 있는 것은 답답할 것이라는 판단이다. 그 직업에 도움이 되는 것에 ⑤, 자신의 수많은 호기심을 접는 것이 그 직업에 정착해서 안정적인 생활을 하게 만들 것이다. 그런 안정적인 직업을 갖게 되는 데 방해가 되는 것은 ⑥으로 자신의 현재 직업이 나에게 천직인가를 생각해보는 것이 중요할 것이다. 본인은 호기심도 많고 답답하게 한 곳에 머물지 못하는 편인데, 게다가 어딘가 더 좋은 직업이 있을지도 모른다고 생각한다면 한 직장에 오래 머물기 힘든 것은 자명한 일이다. 최종 결과로 ⑦이 나왔다. 자신에게 주어진 일에 최선을 다하고 비록 적어 보이더라도 자신이 이루어놓은 일에 만족해야 할 것이다.

금전운 배열법

Money Spread

돈에 대한 점은 연애에 대한 점과 더불어 타로 리딩을 할 때 가장
많이 물어보는 질문 중 하나이다. 그런 의미에서 아주 많은 활용도
를 가진 배열법이다.

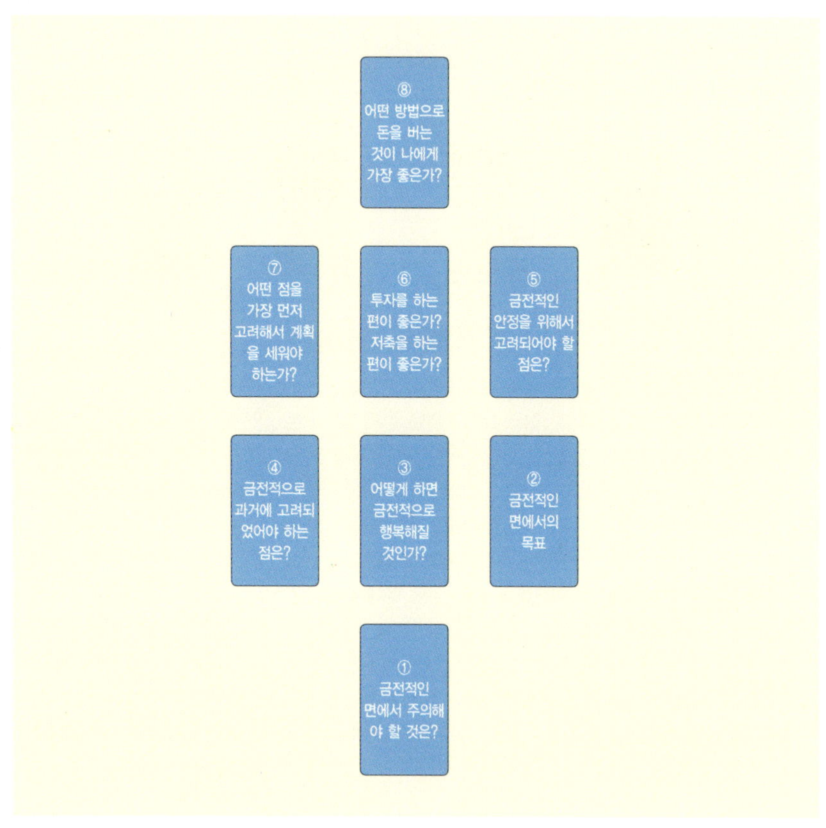

✡ 배열법 연구를 위한 연습용 예제 2

⑧ 죽음 (역)

⑦ 연인 ⑥ 왕의 검 (역) ⑤ 소년의 금화

④ 네 개의 금화 (역) ③ 네 개의 지팡이 (역) ② 황제 (역)

① 두 개의 금화

금전적인 면에서 가장 먼저 주의해야 할 것은 ①로 여러 가지 일을 벌여놓는 것이다. 한꺼번에 두 마리의 토끼를 좇다가는 둘 다 놓치는 수가 있다. ②는 어느 정도 수준에서 멈추어서 보수적으로 가만히 있는 것을 원하지는 않는다. 정체되어 있기보다는 새로운 것을 찾아서 움직이는 모습이다. ③은 계속 움직이고 있을 때 만족을 느끼고 있다. ④는 돈을 가만히 못 두고 어디에 투자를 하는지 다 써버렸다. 이런 경우 대개 다 허비해버리는 경우가 많다. 금전적으로 안정되기 위해서 필요한 것이 ⑤로 더 많은 공부가 필요하다. ⑥, 이 사람은 안정적인 저축은 성격상 못하지 싶다. 안정보다는 자신의 의견에 따라 어디로든 계속 투자를 하는 편이 좋겠다. ⑦은 유혹으로 자신의 결정에 의해서 투자를 해야지 남들의 이야기에 따르면 좋지 않다는 것을 의미한다. 지금 이 사람의 경우 어디든 투자를 해야 할 곳을 찾고 있는데 그런 사람의 주변에는 언제나 사탕발림을 잘하는 사람이 있기 마련이다. ⑧은 종결되지 않는다는 의미로 이 사람의 투자는 끝이 없다. 투자로 난 이익은 재투자되고, 그것은 끝없이 이어진다. 어쨌든 이 흐름은 계속되어야 하고, 전체적으로 이런 흐름이 멈췄을 경우 금전적으로 가장 큰 위기에 봉착할 것이다.

결혼운 배열법

Marriage Spread

결혼은 사람이 살아가면서 가장 중요하고 결정적인 사건이다. 그래서 미혼인 사람들에게는 어떤 배우자를 만나 결혼을 하는가가 커다란 관심거리가 아닐 수 없다. 이 배열법을 익혀 수많은 사람들의 궁금증을 풀어줄 수 있을 것이다.

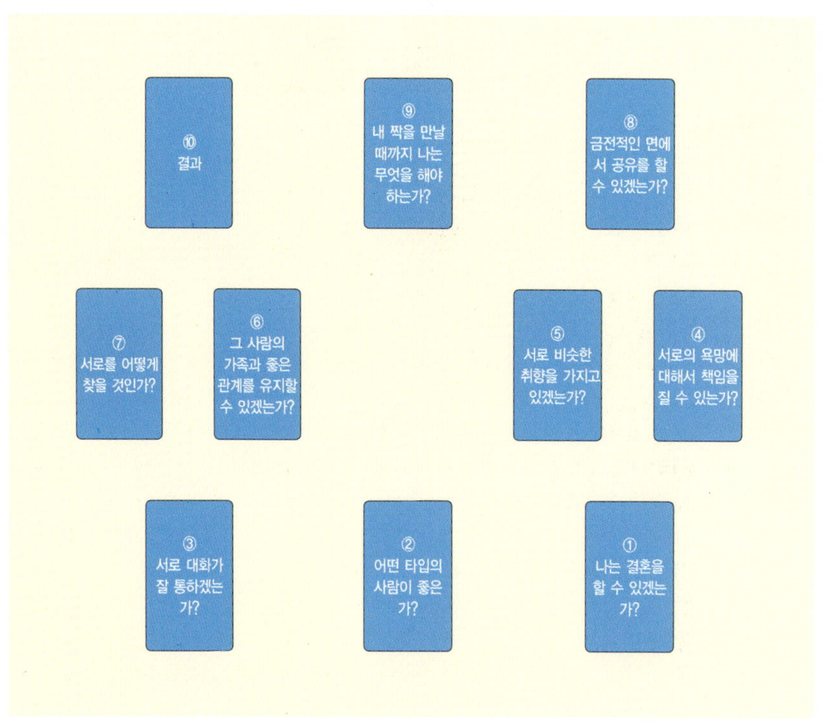

✡ 배열법 연구를 위한 연습용 예제 3

⑩ 여왕의 검 (역)   ⑨ 네 개의 성배   ⑧ 왕의 검

⑦ 은둔자   ⑥ 운명의 수레바퀴 (역)   ⑤ 네 개의 지팡이 (역)   ④ 매달린 사람 (역)

③ 소년의 지팡이   ② 다섯 개의 지팡이   ① 기사의 금화

①은 좋은 사람을 만나게 될 수 있다는 증거이며, 어쩌면 이미 결혼을 계획하고 있을지도 모른다. ②, 누가 누군가를 완전히 지배하는 것이 아니라 정말 친구처럼 툭탁거리면서 싸울 수도 있는 그런 사람이면 좋겠다. ③에서는 서로의 의견을 존중하고, 대화를 자주 하는 편이라 판단된다. ④는 크게 고려의 대상이 되지 못한다. 욕망 자체가 둘 사이에서 크게 영향을 미치지는 못하기 때문이다. 게다가 이런 경우 크게 생각하거나 고민할 필요도 없이 서로에게 만족하게 되는 경우가 많다. ⑤는 취향이 많이 다르긴 하지만 서로 충돌하지는 않을 것이다. ⑥에서는 그리 큰 왕래가 없이 지내며, 딱히 좋거나 나쁘지도 않은 상황이 계속 이어질 것이다. ⑦은 주변에서 소개를 시켜준다는 사람이나 친척 중에 나이 많은 분들이 소개시켜주는 자리에서 만날 가능성이 많다. ⑧에서는 서로에게 공평하게 지낼 수 있을 것 같다. 오히려 수입은 자신이 관리하는 형태가 될 수도 있다. 친구처럼 지낼 수 있는 부부라면 이렇게 자금을 각자 관리하는 것도 괜찮다. ⑨는 주변에서의 제안에 별로 관심이 없는 것을 의미하는 것으로 이 사람에게 프로포즈해오는 사람 중에는 맞는 제짝은 없으니 조용히 기다리라는 의미이다. 최종적으로 ⑩은 결혼 후에도 많이 싸우면서 지내는 커플일 것이다. 싸우면서 정이 드는 타입의 커플로 결혼 전에는 모르겠으나 결혼 후에도 적당한 선에서 끝내지 않고 심각하게 자신의 주장을 내세우는 마이너스적인 행위는 삼가야 할 것이다.

건강운 배열법

Health Spread

각 방위와 슈트를 연결해서 의미를 알아내는 배열법으로 원소 배열법의
확장형이라고 생각하면 쉽게 이해가 갈 것이다.

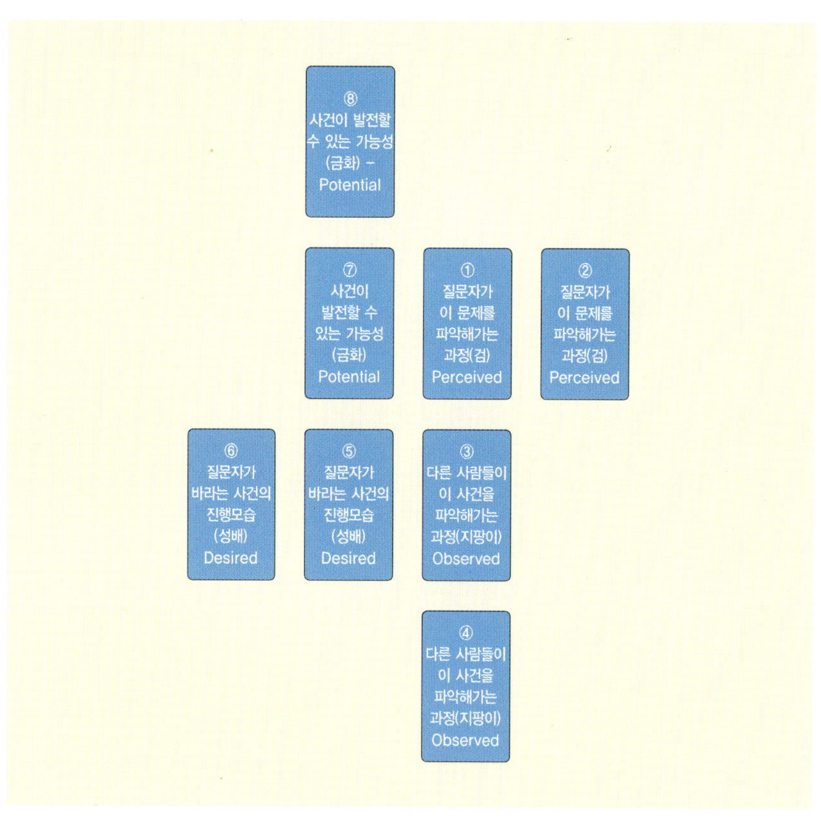

엘리파스 레비의 바퀴 배열법

어렵지 않은 배열법으로 조금 특징적이라고 한다면 어떤 상황을 하나로 보는 것이 아니라, 그것이 이 사건 또는 나 자신에게 어떤 방향으로 영향을 미칠 것인가에 초점이 있는 배열법이라고 하겠다.

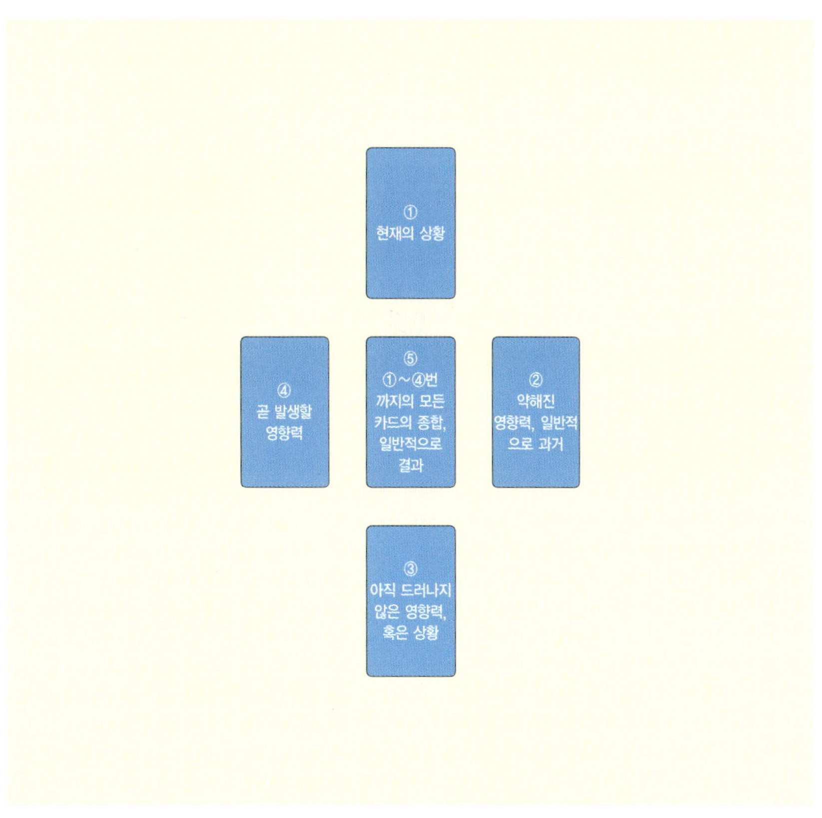

아만다의 부채 배열법

Amanda's Fan Spread

일반적이고 대중적인 배열법들과 특별히 큰 차이를 보이지는 않는다. 다만 질문에 대한 내부의 영향과 외부의 영향에 대해서 알 수 있다는 것인데, 이것은 켈틱 크로스 배열법에 나오는 ⑦, ⑧의 '나 스스로가 보는 시각, 주변 사람들이 보는 시각'과 비슷하다고 할 수 있다.

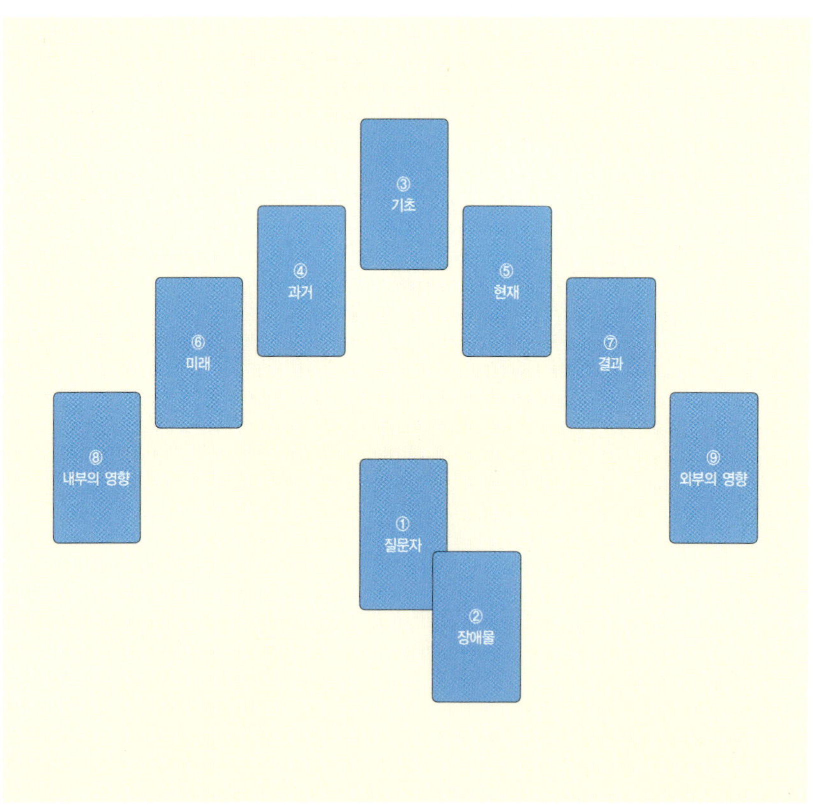

차크라 배열법

어떤 한 사람의 가장 깊은 내면을 들여다볼 수 있는 배열법으로, 차
크라에 대한 깊은 이해와 지식이 없으면 거의 사용이 불가능할 정도
로 어려운 배열법이다. 하지만 가끔 자신의 내면세계가 궁금하다면
사용해볼 만하다. 주의 사항으로는 이 배열법은 메이저 아카나만을
이용해야 한다.

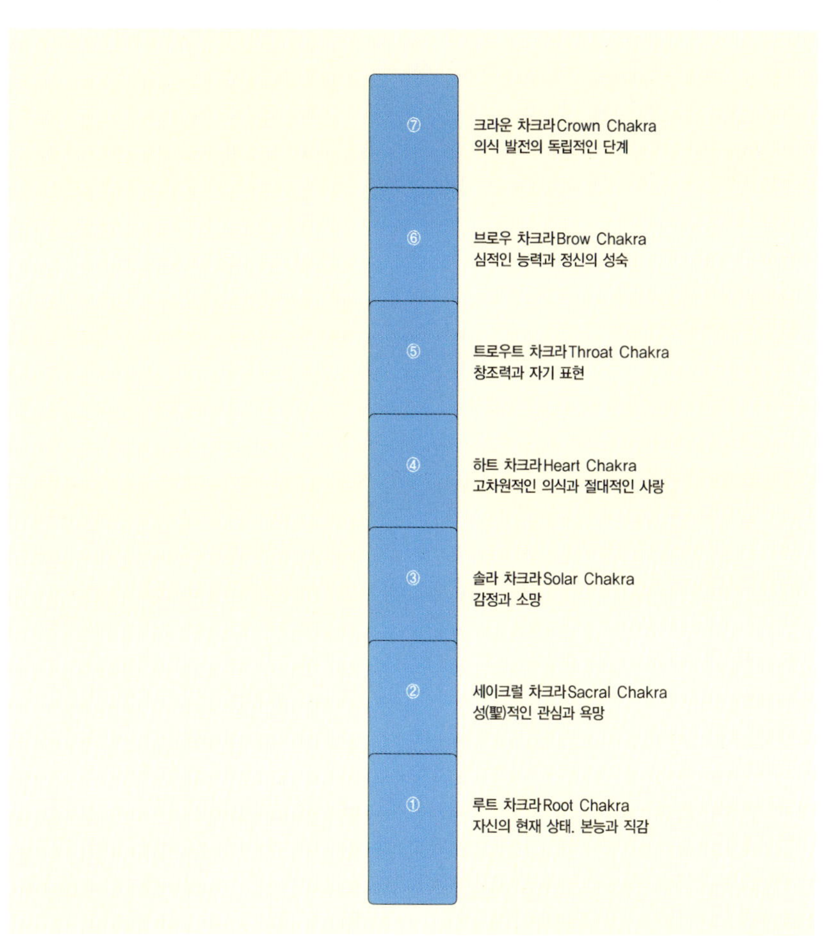

만다라 배열법

Mandara Spread

불교의 만다라와 타로를 결합시킨 형태로, 자신이 진정으로 추구해야
하는 목적이 무엇인가에 대한 배열법이다. 다른 사람에게 답해주기 위
한 것이라기보다는 자기 자신을 위한 배열법으로 사용되는 편이 좋다.

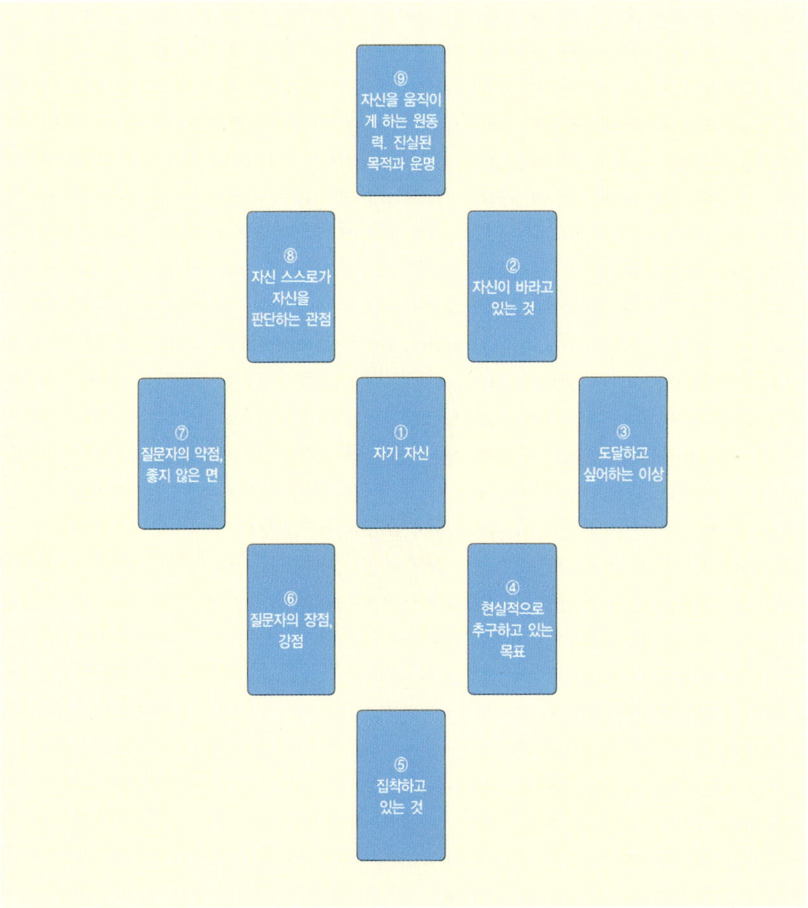

기독교 십자가 배열법

Christian Cross Spread

기본 배열법의 확장형으로 과거에서 현재로, 그리고 미래로 자신의 운을 보는 배열법이며 그 중간에 방해하는 세력과 자신이 진정으로 원하는 이상에 대해서 볼 수 있다. 이 배열법의 장점은 미래를 보는 면에서 점진적으로 먼 곳을 볼 수 있기 때문에 어떤 흐름에 대해서 생각할 수 있도록 해준다. 자신의 미래의 흐름을 알 수 있기 때문에 바르게 대처할 수 있다는 것이 장점이다.

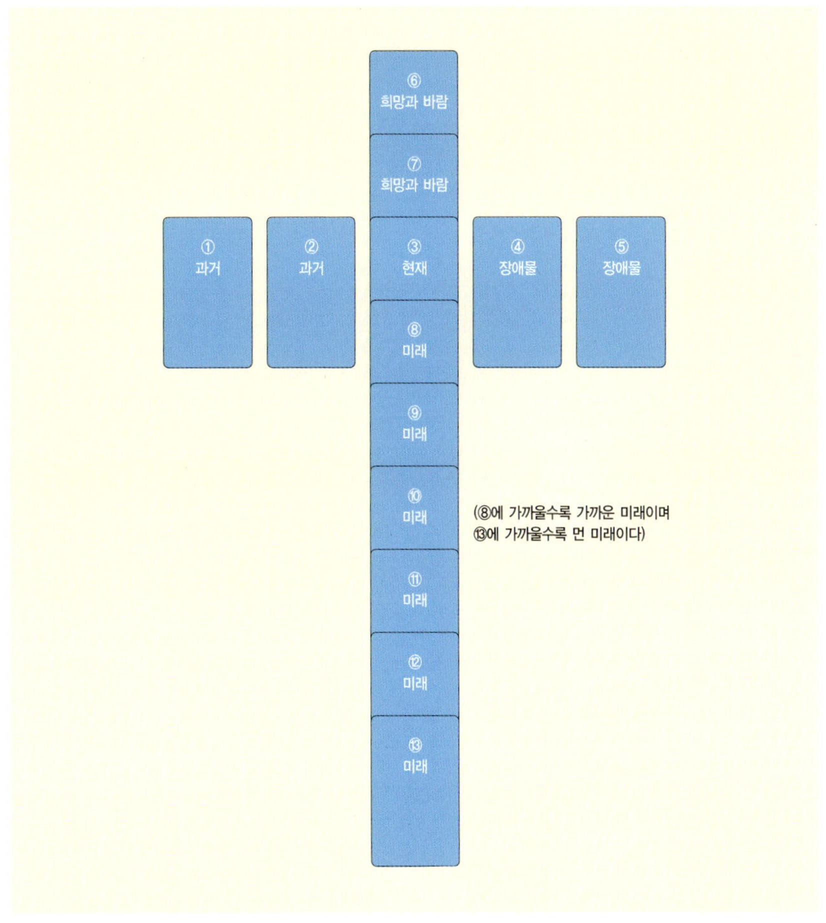

포춘 텔러 배열법

한 질문에 세 장의 카드로 답을 하고 있다는 데 특징이 있다. 세 장의 카드에서 정확하게 하나의 뜻을 꼽거나 그 세 장 안에서의 인과 관계를 정확하게 집어내는 것이 가장 어려운 점이다. 그러나 각 카드의 의미를 정확하게 알고 있다면 약간의 훈련으로 충분히 가능할 것이다.

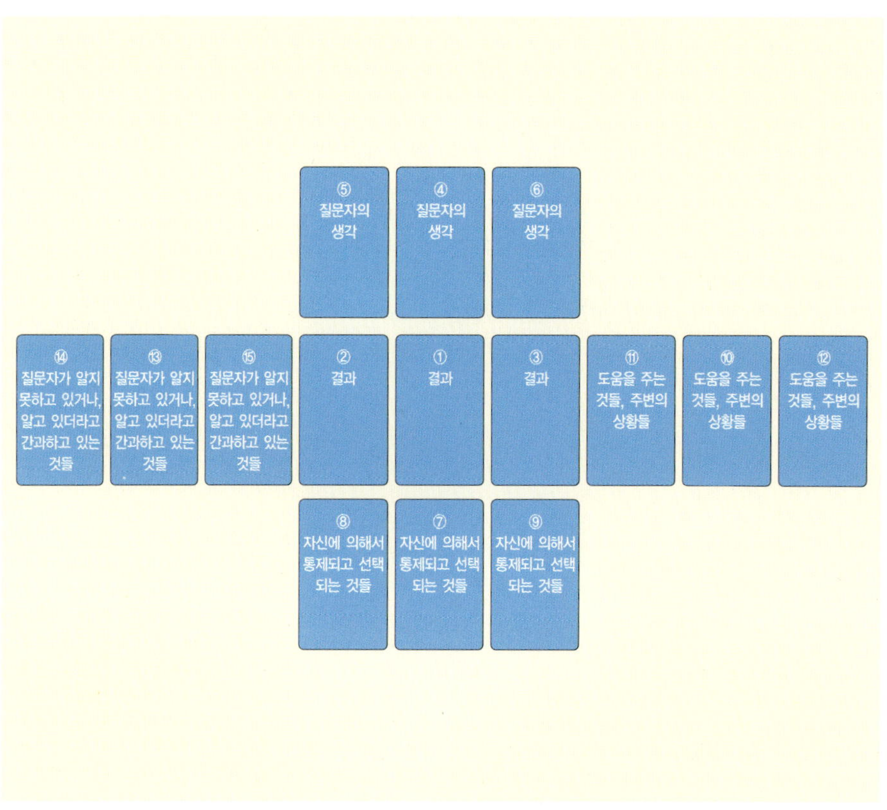

소울 드리머 배열법

Soul Dreamers Spread

꿈의 내용이 현실세계의 나에게 어떤 영향을 미치는가에 대한 배열법이다. 꿈속에서의 좋은 일이나 나쁜 일들이 나에게는 어떤 영향을 미치고, 좋은 일이라면 그 힘을 강하게 하고, 나쁜 일이라면 약하게 만들기 위해서는 어떤 행동을 해야 하는가를 알려준다.

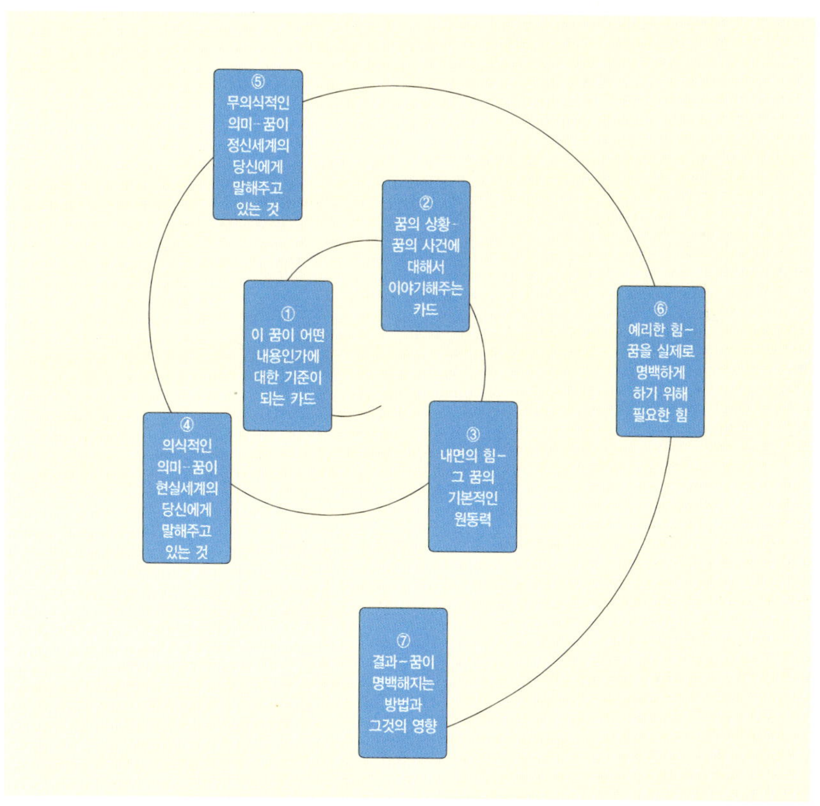

부록

0 광대

봇짐(라이더 외)	여행 떠날 채비가 다 됐음을 의미한다. 준비는 했지만 뭔가 부족한 듯한 준비를 상징한다.
언덕 혹은 절벽 (라이더 외)	그의 앞길이 그리 평탄하지만은 않다는 것을 상징한다. 높은 위치에서 아래쪽으로 나와 있는 수많은 길들을 보면서 그중에 자신의 길을 고를 수 있음을 상징한다.
강아지와 그 외의 동물(라이더 외)	좋은 동반자를 상징한다. 종종 강아지가 다리를 물고 있는 경우도 있는데 이런 경우의 강아지는 늑대일 때의 야성을 숨기고 있다 해서 숨겨진 위험을 상징하기도 한다.
태양(라이더 외)	태양은 여러 가지 위험이 있을 수 있는 여행임에도 불구하고 광대의 여행의 앞길이 밝을 것을 상징한다.
백장미(라이더 외)	백장미는 '빛의 꽃'으로 순진함과 처녀성을 상징한다. 천진무구함을 상징한다.
갈림길(코놀리, 켈틱 드래곤)	언덕과 같은 의미를 갖는다. 어느 방향으로든 갈 수 있다는 가능성을 의미한다. 비슷한 상징으로는 세 개의 다리(문 가든)가 있다.
새싹이 돋아나는 지팡이(코놀리, 아쿠아리언, 켈틱 타로 외)	새로운 시작에 대한 강한 의지를 나타낸다.
한 짝만 신은 신발 (르네상스, 놈)	여행에 대한 준비 미비를 상징한다. 어수룩함으로 인한 실수를 상징한다.
체스판 무늬의 바닥(드래곤 타로)	체스판은 세상을 의미한다. 언덕이나 갈림길과 같은 의미를 갖는다.

1 마법사

사각의 테이블 **(라이더 외)**	사각의 테이블은 세상, 세계를 의미한다. 1519년부터 1522년까지의 마젤란의 세계 일주 이전까지 사람들은 지구가 정육면체의 모양을 하고 있을 것이라고 생각했었다. 마법사 앞에 놓여진 사각형의 테이블은 그때의 사상들이 반영된 것으로, 땅 혹은 세상을 의미한다.
테이블 위의 **네 가지 상징물** **(라이더 외)**	이 상징물들은 사람이 세상을 살아가면서 겪게 되는 사건들을 상징한다. 테이블 위에 있다는 것은 그러한 사건들을 세상사에서 일상적으로 만나게 되는 일들이라는 것을 상징한다.
무한대 표시 **(라이더 외)**	마법사의 머리 위에 있는 무한대 표시는 마법사의 무한한 능력에 대한 상징이고 이러한 무한대 표시가 가능한 것은 마법사의 능력이 물리적인 능력보다 정신적인 능력이 높다는 것을 상징한다.
불이 붙은 막대기 **혹은 양초** **(라이더 외)**	불과 지팡이는 둘 다 창조력을 상징한다. 무에서 유를 창조해내는 능력을 가지고 있음을 상징한다. 또 손에 들고 있는 지팡이는 그가 마법사임을 알려준다.
하늘과 땅을 가리키는 **손(라이더 외)**	하늘과 땅을 가리키는 손은 하늘의 기운과 땅의 기운을 아우르는 힘을 상징한다. 또 천상과 지상의 중간자임을 상징하기도 한다.
뱀(켈틱 타로)	막대기 위에 있는 뱀은 무한한 지적 능력을 상징한다.
수정 구슬(페어리, **드래곤 타로)**	진실을 볼 수 있는 능력을 상징한다.
꼬리를 물고 있는 **뱀(라이더 외)**	우주의 영속성과 영원 불변을 상징한다. 마법사의 힘이 시간의 흐름에 따라 퇴색되는 힘이 아니라는 것을 상징하고, 그 힘의 강대함을 상징한다.
수탉(켈틱 타로)	태양신의 부속물로 남성 원리를 상징한다. 선견지명을 상징하기도 한다.

2 여사제

의자(라이더 외)	의자는 보수성을 상징한다. 그리고 활동력이 떨어짐을 상징한다.
B와 J가 쓰여진 기둥(라이더 외)	검은색의 B가 쓰여진 기둥은 비관적인 삶의 방식을, 흰색의 J가 쓰여진 기둥은 낙관적인 삶의 방식을 상징한다. 세계의 이원성과 상호 보완적 대립과 평형을 나타낸다.
초승달(라이더 외)	달은 여성적인 이미지를 뜻하며, 여성적인 영향력들을 상징한다. 하늘의 여신 혹은 성모 마리아의 상징이다.
책, 두루마리 (라이더 외)	세상의 모든 진리가 쓰여 있는 책. 때로는 이 책 때문에 책의 범주를 벗어나지 못하는 경우도 있다. 보수적이거나 편협하게 될 수 있다.
두꺼비(페어리)	진실을 꿰뚫어보는 힘이 있다고 알려져 있다.
공작(페어리)	공작의 날개에 있는 무늬는 각각 눈을 상징하며, 가식에 현혹되지 않고 진실을 보는 힘이 있다고 알려져 있다.
희고 검은 드래곤 (켈틱 드래곤)	B와 J가 쓰여진 기둥과 같다.
석류(라이더 외)	여성성의 상징이다.
수정 구슬 (세이크리드 서클)	진실을 꿰뚫어보는 능력을 상징한다.
태극 문양(드래곤 타로, 르네상스)	태극 문양은 우주에서의 두 가지 위대한 힘의 완전한 균형을 나타낸다. 이것은 B와 J가 쓰여진 기둥과 같은 의미를 갖는다고 할 수 있다.
고둥(문 가든)	고둥은 힌두교 신앙에서 '무지에서 깨어나라고 부르는 소리'를 상징한다.
뱀(올드 패스)	지혜를 상징한다.
독수리 (비전 퀘스트)	독수리는 날카로운 시력으로 모든 것을 파악하는 힘을 상징한다.

3 여제

알(켈틱 드래곤, 드래곤 타로)	새로 태어날 생명을 상징한다.
풍만한 여인 (라이더 외)	임신한, 혹은 풍만한 여인은 풍족함, 풍요로움을 상징한다. 또한 과도한 풍요로 인한 나태와 권태로움을 상징하기도 한다.
홀(라이더 외)	권력의 상징이다.
보리밭(라이더 외)	추수 직전의 보리밭은 풍요로움을 상징한다.
별의 관(라이더 외)	별로 된 관을 쓴 사람은 마리아를 상징한다. 마리아는 예수의 어머니로 모든 어머니들의 대변인이다.
풍요의 뿔(문 가든)	끝없는 풍요를 상징한다.
독수리 문양 방패 (올드 잉글리시)	권력을 상징하며, 방어 위주의 보수성을 상징하기도 한다.
체스판 무늬 바닥 (올드 잉글리시)	세상을 뜻한다.
거북(비전 퀘스트)	천지 창조의 시작, 불사, 다산, 재생을 상징한다. 음양 중 음의 원리를 상징한다.

4 황제

앙크(라이더 외)	오시리스(T)와 이시스(O)의 상징을 결합한 형태인 앙크는 불멸성의 상징이다.
십자가 부분이 잘린 보주(라이더 외)	보주는 군주의 세속 권력을 상징한다. 그러나 영적인 권위는 없기 때문에 영적 권위를 상징하는 십자가 부분은 잘려 있다.
가족(켈틱 드래곤)	가족은 그가 가정에서 아버지의 역할을 하고 있으며 가족들에게 든든한 배경이 되어주고 있음을 상징한다.
홀(코놀리)	권력을 상징한다.
의자와 방패 (올드 잉글리시)	권력과 기존의 권력을 지켜내기 위한 보수성을 상징한다.
체스판 무늬 바닥 (올드 잉글리시)	세상을 뜻한다.
황소(비전 퀘스트)	자연에서의 남성 원리이며, 풍요, 남성적 출산력, 왕의 위엄, 왕을 나타낸다. 태양신과 연관된다.

5 교황

삼중 관(라이더 외)	물질적, 지적, 신적인 세 차원에 대한 지배력을 상징한다.
삼중 십자가 **(라이더 외)**	삼위일체를 상징한다.
열쇠(라이더 외)	열쇠는 천국의 문의 수호자인 성 베드로의 표시이며 로마 교황을 상징한다. 지혜를 상징하기도 한다.
기둥(라이더 외)	하늘을 떠받드는 지주를 나타내며 교회로 들어가는 입구를 상징한다. 형식주의와 권위주의를 상징하기도 한다.
희고 검은 드래곤 **(켈틱 드래곤)**	어느 쪽으로도 치우치지 않는 중도를 상징한다.
물 속의 아이들 **(켈틱 드래곤)**	세례의식을 상징한다.
흰 비둘기 **(코놀리, 코스믹)**	죄를 정화하기 위해서 신전에 바치는 공물로 죄의 사함을 상징한다. 물질적인 것을 초월한 대상을 상징하기도 한다.
교차되어 있는 세 **개의 원(드래곤 타로)**	삼위일체를 상징한다.
오른손의 표시 **(라이더 외)**	신을 상징한다.

6 연인

가위(아드리안)	두 개의 날이 합쳐져야만 사용이 가능하기 때문에 합일을 상징한다.
화환(켈틱 타로)	결혼이나 풍요를 상징한다.
6망성(코스믹)	6망성은 남성을 상징하는 정삼각형과 여성을 상징하는 역삼각형을 하나로 모아놓은 모양으로 완벽한 조화를 상징한다.
태극(코스믹, 드래곤 타로)	음과 양의 완벽한 조화를 상징한다.
두 명의 여자와 한 명의 남자(올드 잉글리시, 시크릿)	둘 중에 하나를 선택해야만 하는 상황에 닥치게 될 것을 상징한다.
뱀(라이더 외)	유혹을 상징한다. 육체적인 유혹일 수 있다.
사과 혹은 사과가 있는 나무 (라이더 외)	선악과를 상징하며 유혹을 상징한다.
불이 붙은 나무 (라이더)	신의 음성을 상징한다.
천사(라이더 외)	천사는 자웅동체로 남성과 여성이 합일된 후의 상태를 상징하며 동시에 합일해야만 한다는 필요성을 상징하기도 한다.
큐피드(르네상스, 올드 잉글리시, 비스콘티 스포르자)	사랑의 메신저이다. 특히 비스콘티의 큐피드는 눈이 가려져 있는데, 이것은 그 사랑의 방향이 기존의 도덕률과는 관계없음을 상징한다.

7 전차

색이 다른 두 마리의 말 혹은 스핑크스(라이더 외)	흰색과 검은색의 말 혹은 스핑크스는 여사제의 기둥과 비슷한 상징성을 가진다. 일의 좋은 면과 좋지 않은 면을 상징하며, 이 둘을 적당히 조절할 수 있어야 전차는 앞으로 나아갈 수 있다.
날개 달린 원반 (라이더 외)	태양을 상징한다.
별, 달(라이더 외)	밤과 새벽을 상징한다. 전차는 밤을 헤치고 떠오르는 태양을 상징한다.
해골(켈틱 타로)	전쟁에서의 승리를 상징한다.
태극(문 가든)	조화를 상징한다. 양쪽 방향으로 가려는 말 사이의 두 개의 방향을 하나로 합쳐야 함을 상징한다.
전차(라이더 외)	빠른 속도의 진행을 상징한다. 주변의 이야기에 귀기울이지 않음을 상징한다.

8 힘

무한대 표시 (라이더 외)	무한한 힘을 상징한다. 여기서 무한한 힘이란 물리적인 힘이 아닌 정신적인 힘을 상징한다.
헤르메스의 지팡이 (드래곤 타로)	두 힘의 균형을 상징하며, 치유와 포용을 상징한다.
사자(라이더 외)	강력한 물리적 힘을 상징한다. 강력한 추진력과 진취적인 기상을 상징하기도 한다.
화관(라이더 외)	정복이나 승리를 상징한다.
유니콘 (원더랜드, 문 가든)	사자와 비등한 힘을 가진 대립물을 상징한다.
켄타우로스 (아르누보)	사자와 비슷한 상징을 갖는다. 강력한 힘을 상징한다.

9 은둔자

램프(라이더 외)	램프는 신성의 빛, 불사의 지혜, 별의 상징이다.
두건(라이더 외)	비밀, 감추어진 지식을 의미한다.
어둠(라이더 외)	모든 것을 감추는 무지를 상징한다.

10 운명의 수레바퀴

펼쳐진 책 **(켈틱 드래곤)**	진행이 책에 쓰여진 대로 된다는 의미에서 정해진 운명을 의미한다.
각 모서리에 있는 **네 개의 상징 혹은** **네 개의 상징 동물** **(라이더 외)**	인생살이에서 만날 수 있는 여러 가지 사건들을 상징한다.
스핑크스 **(라이더 외)**	스핑크스는 네 개의 상징 동물이 모두 합쳐져서 만들어진 상징물로, 인류의 모든 지혜를 상징한다.
따오기(판타스티컬)	토트 신의 성조이다. 아침을 상징한다.
문어(판타스티컬)	문어 혹은 낙지는 나선을 상징한다. 나선은 계절의 순환, 탄생과 죽음을 상징한다.
12궁(라이더 외)	인생의 한 흐름을 상징한다.
거울(만다라)	계속되는 반복을 의미한다.

11 정의

양팔 저울 **(라이더 외)**	어느 쪽으로도 기울어지지 않음을 상징한다.
칼(라이더 외)	평형을 이룸에 대한 강력한 의지를 상징한다.
깃털(코놀리)	진실의 깃털. 토트 신의 신화에 의하면 죽은 자의 심장과 함께 양 팔 저울에 올려져 심판의 기준이 된다.

12 매달린 사람

후광(라이더 외)	지혜가 많은 사람, 혹은 성인임을 상징한다.
P자로 묶인 다리 **(라이더 외)**	룬문자 운조의 모습으로 침묵의 대표적인 표현, 나비가 되기 전의 번데기 형태를 의미한다.

13 죽음

큰 낫(라이더 외)	큰 낫은 원래 추수를 하기 위한 낫이지만, 여기서는 사신을 나타내는 징표가 된다.
허물(켈틱 드래곤)	죽은 거죽을 벗고 새로이 태어난다는 의미한다.
임산부(데드)	새로운 생명의 탄생을 의미한다.
알(드래곤 타로)	새로운 생명의 탄생을 의미한다.
모래시계 (드래곤 타로)	윤회와 반복을 의미한다.
초승달(페어리)	윤회와 반복을 의미한다.
어린아이(라이더, 올드 패스)	새로운 시작을 상징한다.
잠자는 숲속의 공주 (윔지컬)	진짜로 죽은 것이 아님을 상징한다.

14 절제

빛의 삼원색으로 된 세 개의 원 (켈틱 드래곤)	서로 다른 빛이 스스로의 색을 잃고 하나의 빛으로 융화됨을 상징한다.
천사(라이더 외)	자웅동체로 남성도, 여성도 아닌 중성을 의미한다. 대립물이 없는 상태를 상징한다.

15 악마

네 슈트에 묶인 사람(코놀리)	네 원소는 인간이 생활에서 만나는 여러 가지 일들을 상징하는데, 그런 것에 묶여서 움직이지 못하는 인간의 미련(未練)을 상징한다.
역오망성 (라이더 외)	악마를 상징한다.
체인(라이더 외)	매여 있음을 상징하며, 미련이나 얽매임을 상징한다.
거꾸로 타는 횃불 (라이더 외)	신의 음성을 상징하는 불을 거꾸로 들고 있어서 신에 대한 거역을 상징한다.
뱀(아드리안, 르네상스, 올드 패스)	유혹을 상징한다.
사슴뿔 (켈틱 타로 외)	악마를 상징한다.

16 탑

불(라이더 외)	모든 부정으로부터의 정화를 상징한다. 파괴와 붕괴를 상징한다.
탑(라이더 외)	인간의 부정을 상징하며, 권위와 그동안 이룩해놓은 업적을 상징한다.
떨어지는 왕관 (라이더 외)	권위의 상실을 상징한다.
번개(라이더 외)	외부로부터의 충격, 재앙을 상징한다.

17 별

빛나는 별 (라이더 외)	북극성과 희망을 상징한다.
일곱 개의 별 (라이더 외)	북극성 주변의 북두칠성을 의미한다.
물과 뭍(라이더 외)	매여 있음을 상징하며, 미련이나 얽매임을 상징한다.

18 달

게(라이더 외)	단단한 껍질로 무른 속을 가림. 약점을 감추기 위해 강한 척하는 모습을 상징한다.
개(라이더 외)	야성을 숨기고 인간에게 복종한다. 무언가를 숨기고 있음을 상징한다.
환영(올드 패스)	뚜렷하지 못한 무엇인가를 상징한다.

19 태양

네 슈트를 들고 있는 천사들(코놀리)	인생에서 만날 수 있는 모든 일들에 축복을 상징한다.
해바라기 (라이더 외)	태양에 대한 맹종을 상징한다. 태도를 변화시킴으로 인해 신뢰를 잃을 수 있고, 부정한 재산을 상징한다.
포도 (올드 잉글리시)	풍요와 다산을 상징한다.
태양 주변의 12궁 (올드 패스)	세상의 모든 일에 태양이 주는 축복을 상징한다.
아기(라이더 외)	희망적인 미래를 상징한다.

20 심판

나팔(라이더 외)	하늘에서 들려오는 심판의 소리를 상징한다.
천사(라이더 외)	심판이 공정하고 공평할 것을 상징한다.
관(라이더 외)	죽은 자에게도 산 자에게도 모두 심판이 내려짐을 상징한다.

21 세계

노인(켈틱 타로)	모든 인생의 여행을 끝내고 마침내 편안한 휴식을 취할 수 있게 된다. 완결, 종료, 환생을 상징한다.
월계수(라이더 외)	모든 과정을 끝냈음을 치하한다.
네 가지 상징 동물 (라이더 외)	인생의 여러 가지 역경들을 상징한다.
12궁도 (크로우 매지크)	인생의 행로를 상징한다.
여행을 떠나는 사람의 뒷모습 (르네상스)	모든 것이 끝났음을 상징한다. 그리고 새로운 시작임을 암시한다.

검 Swords

마이너를 이루고 있는 슈트의 하나로 일반적으로는 이성적인 능력이나
고통 시련 등을 상징한다.

금화 Pentalces

마이너를 이루고 있는 슈트의 하나로 일반적으로는 금전적인 내용이나
직업에 관련된 내용 등을 상징한다.

덱 Deck

카드의 한 뭉치를 이야기한다. 일반적으로 타로 78장 혹은 22장 전체를
덱이라고 부른다. 그러나 덱이라고 해서 모두 타로를 이야기한다고 생각
해서는 안 된다. 트럼프 등도 한 벌을 덱이라고 부른다.

룬 Runes

고대의 알파벳 문자이다. '룬' 이라는 단어는 노르웨이 고어나 영어 고어
로 '미스터리' 라는 의미의 'run' 을 어원으로 하고 있다. 튜튼 족은 24개,
앵글로섹슨 족은 32개, 스칸디나비아인은 16개의 문자를 이용하고 있다.
룬은 칼로 새기기 편리하도록 거의 직선으로만 이루어져 있으며, 라틴
문자와 비슷하다. 점술의 일종으로 사용되고 있다.

배열법 Spread

펼친다는 뜻이다. 타로 카드로 타로 리딩을 하기 위해서 펼치는 방법을
말한다. 목적에 따라 각기 다른 배열법을 사용하기도 한다.

배열법 천 Spread Sheet

타로 리딩을 하기 전에 타로 카드의 보호와 정신 집중을 위해서 바닥에
까는 특별한 천을 가리킨다.

성배 Cups

마이너를 이루고 있는 슈트의 하나로 일반적으로는 감정적인 능력이나
인간관계 등을 상징한다.

세피로트 Sefiroth

생명의 나무라고 불린다. 10개의 빛으로 된 구체로 이루어져 있으며 각
각은 케텔, 호크마, 비나, 헤세드, 게부라, 티페레트, 네자, 호이드, 이소
드, 말쿠트라고 불린다.

셔플 Shuffle

카드를 섞는 것, 혹은 그 행동을 의미한다.

수비학 Numerology

숫자가 인간의 생활에 미치는 영향에 대한 오컬트적인 의미를 연구하는
것이다.

슈트 Suit

카드의 짝패 한 벌. 타로에서는 56장의 마이너를 네 개로 나눈 각 14장의
카드들을 이야기한다. 각 슈트의 이름은 대체적으로 검, 지팡이, 금화,
성배이다.

에이스 Ace

각 슈트 당 한 장씩 있으며 1번 카드를 의미한다. 일반적으로 그 슈트가
가지는 순수한 에너지를 상징한다.

오라클 Oracles

숭배와 신의 예언을 듣기 위해서 신성하게 봉헌된 성소, 신전을 말한다.
또는 성소 등에서 신의 예언을 전달하는 사람, 혹은 예언이나 계시를 오

라클이라고 하기도 한다. 신탁이나 예언으로 번역된다.

오컬트 Occult

각종 신비주의들을 오컬트라고 일컫는다. 연금술이나 마법, 점성술 혹은
점과 같이 숨겨진 지혜나 힘을 늘리기 위한 주문 등, 마법을 사용하는 기
술을 말한다.

오컬틱 초이스 Occultic Choice

점을 볼 때 자신이 선택하는 것에 어떠한 영향으로 자신이 원하는 혹은
자신에게 앞으로 일어날 일들을 알려줄 것이라는 이론이다.

웨이트 Waite 계열

라이더 웨이트를 위시로 한 웨이트의 상징 체계를 갖는 타로 덱의 총칭.
한국에서만 사용되는 단어이다.

이미지 리딩 Image Reading

카드의 의미를 추정하기 위해서 하는 일종의 명상으로 카드에 나타나 있
는 상징들 혹은 등장인물에 자신을 투영하는 카드의 의미를 유추하는 방
법 중의 하나이다.

점성학 Astrology

개인의 인생에 절대적인 영향을 미치는 그의 태어난 시간의 천체의 위치
와 움직임에 기초한 점술의 일종이다.

지팡이 Wands

마이너를 이루고 있는 슈트의 하나로 일반적으로는 창조력이나 추진력
등을 상징한다.

질문자 Quereant

질문자 자신을 이야기한다. 타로 배열법에 대한 설명을 볼 때 Q라고 표시되는 카드가 있는데, 이것이 질문자 카드이며 질문자 스스로를 가리킨다.

차크라 Chakra

존재에서의 영적과 심적 중심이며 연꽃, 수레바퀴로 상징된다. 중심이 깨어나면 연꽃이 피고, 회전하게 된다. 다른 중심을 가진 연꽃은 꽃잎의 수가 달라진다.

카발라 Kabbalah

전통이라는 뜻으로 번역되는데, 특히 유대 신비주의 전통을 의미한다. 타로 카드와 여러 가지 면에서 연관성을 가진다.

코트 카드 Court Cards

궁정 카드라고도 불린다. 일반적으로 각 슈트 당 네 장씩이며 이름은 소년, 기사, 여왕, 왕이다. 각각은 대개 어떤 사람이나 사람의 어떠한 경향을 의미하기도 한다. 대부분의 타로 리더가 곤란해할 정도의 난이도를 가진 카드들이다.

덱 구입 관련

타로 덱의 가격은 얼마나 하나요?

일반적인 정규 타로 덱의 경우 2만원 내외이고, 책과 함께 있는 경우는 더 비쌉니다. 몇몇 덱은 몇십만 원을 호가하는 경우도 있습니다. 반면에 천 원짜리 타로 덱도 있습니다.

타로 덱은 어디서 파나요?

지방의 경우는 인터넷을 통해서 구입을 하는 방법밖에는 없습니다. 서울에서는 몇 군데 타로 덱을 판매하는 곳이 있습니다. www.tarotkorea.co.kr은 제가 직접 운영하는 곳입니다.

초보자들에게 알맞은 카드는 어떤 것이 있나요?

일반적으로 라이더 웨이트나 유니버셜 웨이트를 추천합니다. 그 외에도 문 가든 등의 1군(본문의 타로 덱 분류를 참조)의 덱이면 초보자들도 무리 없이 사용이 가능합니다.

초보자가 쓰기 좋은 배열법은 어떤 것인가요?

일반적으로 가장 처음 접하는 타로 배열법은 모든 타로 덱 매뉴얼에 적혀 있는 켈틱 크로스입니다. 그러나 이 배열법은 상당히 고급 배열법이므로 사용하기 힘듭니다. 타로 덱에서 딱 한 장을 뽑아서 대답을 얻는 원 카드 배열법이나 과거, 현재, 미래로 이어지는 기본 배열법을 권해드립니다.

전통적인 상징이 풍부한 덱은 어떤 것인가요?

전통적인 상징이라는 것의 정의가 중요한데, 일단 모던 타로를 이야기하는 것이라면 웨이트 계열의 타로들이 가장 많은 상징을 가지고 있습니다. 모던 타로의 뿌리를 이루는 타로 덱이니까요. 그전에 고전 타로의 상징을 가진 덱을 원하신다면 마르세이유를 권해드립니다.

덱 프로덱터는 무엇인가요?

덱 프로덱터는 타로 덱을 보호하고자 만든 비닐 주머니인데, 실제로 타로 덱으로 타로 리딩을 할 때는 전혀 도움이 되지 못하는 것이 현실입니다. 특히 역방향을 사용할 경우는 쉽게 찢어지기도 하고 여러 가지로 불편합니다. 만약 타로 덱을 그냥 전시하거나 보존할 거라면 덱 프로덱터를 사용해도 좋지만 실제로 사용하려면 사용하지 않는 편이 좋습니다.

타로 덱을 사면 설명서가 들어 있나요?

영문으로 된 설명서가 기본적으로 모두 들어 있습니다. 그러나 그건 정말로 아주 작은 내용일 뿐입니다. 물론 이것을 한글로 해석한 설명서를 주는 곳도 있지만 내용이 부실하긴 마찬가지입니다. 부실한 영문 설명서를 한글로 번역한다고 해서 충실해질 리는 만무하니까요. 일단 이 해설서의 경우는 기본적으로 타로 덱을 구입하신 분이 직접 해석해보는 편이 타로를 공부하는 데 많은 도움이 됩니다. 그리고 더 많은 자료를 원하시면 영문으로 된 책을 읽으셔야 합니다. 책과 세트로 되어 있는 타로는 그런 면에서 공부하는 데 여러 가지로 도움이 됩니다.

인격화 혹은 미신 관련

타로 덱에 이름은 어떻게 붙이나요?

타로 덱에 이름을 붙이는 것은 인형에 이름을 붙이는 것과 별반 다르지 않습니다. 그냥 부르기 편한 이름을 붙이면 됩니다. 타로 덱마다 고유의 이름을 가지고 있으므로 그냥 그 이름으로 부르는 편이 좋다고 생각합니다.

죽음 카드가 나왔어요. 실제 죽음과 관련이 있는 건가요?

어떠한 일의 종결을 의미하기도 하지만, 반드시 죽음을 상징하고 있는 것은 아닙니다. 죽음인 동시에 새로운 탄생을 의미하고 있습니다.

카드의 성격을 보고 카드를 고른다고 하던데 사실인가요?

고수들 중에서도 가끔 타로를 고를 때 타로의 성격을 보고 고른다고 말하는 경우가 있는데 이것은 타로를 인격화해서 타로의 성격을 보는 것이 아니라, 상징의 특징들을 살펴보는 것입니다. 타로의 주요한 색과 그림의 분위기 등을 살펴보는 것입니다. 타로 자체에는 성격이 없습니다.

타로 덱이 주인을 고르나요?

아니오. 타로 덱은 주인을 고르지 않습니다. 주인이 타로를 고르는 것입니다. 타로 덱의 주인이 되십시오.

인격화를 하면 왜 안 되는 건가요?

타로를 인격화하는 경우 사람이 타로의 주인이 되는 것이 아니라 타로가 사람의 주인이 되는 경우가 있습니다. 확실하게 타로의 주인이 되고 싶으시면 인격화하지 마시고, 하나의 도구로 사용하세요.

타로 리딩 관련

타로 리딩 결과가 너무 나빠요. 다 이야기해줘야 하나요?

나쁜 내용의 타로 리딩의 경우 이것을 전부 말해줘야 하는지 고민이 될 때가 있습니다. 자신이 스스로 타로 리딩에 자신이 있다면 전부 말해주는 편이 좋습니다. 그리고 자신이 없으면 조금만 말해주세요. 그리고 분명 주변에 그것을 헤쳐나가기 위해서는 어떻게 해야 한다는 카드도 있을 테니 천천히 살펴봐주세요.

타로 리딩을 할 때 매뉴얼에 의존해야 하나요 아니면 이미지 리딩에 의존해야 하나요?

일단 이미지에서 읽어온 것에 중심을 두어야 합니다. 그러나 기본적으로 매뉴얼 한 벌 정도는 머릿 속에 완전히 외워둬야 합니다. 그리고 나서 이미지 리딩을 하게 되면 그 이미지 리딩이 틀리는 경우는 거의 없습니다. 먼저 매뉴얼을 외우시고, 이미지 리딩을 연습하세요.

메이저만 사용해도 되나요?

네, 됩니다. 일부 배열법의 경우, 메이저만을 사용하도록 권해지는 배열법도 있습니다. 물론 마이너만 사용하셔도 됩니다.

타로 리딩을 하는 데 가격은 어느 정도인가요? 그리고 어디서 볼 수 있나요?

타로 리딩을 하는 곳과, 또 리더의 역량에 따라서 가격은 천차만별입니다. 무료로 하는 곳도 있고, 수만 원씩 하는 곳도 있습니다. 신촌 지역에 몇 곳이 있고, 압구정에도 있습니다. 그리고 일부 사주풀이 하시는 분들이 곁다리로 타로를 봐주기도 하는데, 대부분 정상적으로 타로를 배우신 분이 아니니 그런 곳은 피하시길 바랍니다.

자기 점을 자기가 쳐도 되나요?

저도 처음 타로를 배우면서 저를 대상으로 했습니다. 그런데 한 1년 정도 하다 보면 점점 자신의 일로 타로 리딩을 하는 경우는 적어집니다. 제 주변의 타로 리더들도 거의 비슷한 경향을 띱니다. 그러나 자신의 문제로 자신이 타로 리딩을 할 경우 자신의 의견이 너무 많이 들어갈 영향이 있으니 되도록 주변의 타로 리더들에게 부탁하시는 편이 좋습니다.

배열법은 자신이 만들 수도 있나요?

네. 자신만의 고유한 배열법을 갖는 것도 좋습니다.

가로로 놓이는 카드는 어느 쪽이 아래죠?

가로로 놓이는 카드는 카드를 놓을 때 손으로 잡고 있는 부분이 아래쪽이 됩니다.

점에 나온 미래는 절대적인가요?

아니요. 절대적인 미래라는 것은 없습니다. 자신이 바꾸고자 한다면 얼마든지 바꿀 수 있습니다.

배열법을 한 후에 하나씩 뒤집나요? 아니면 전부 뒤집고 해석하나요?

덮인 카드들을 하나씩 뒤집으면서 리딩을 해도 되고, 전부 뒤집은 다음에 리딩을 해도 됩니다. 다만 한 장씩 하는 경우는 다음에 어떤 카드가 나올지 모르기 때문에 난이도가 높은 편입니다.

카드의 의미를 알아내기 위한 이미지 리딩은 어떻게 하는 건가요?

자신이 타로 카드의 등장인물이라고 생각하고 그 등장인물이 무슨 생각을 하고, 어떤 느낌을 받고 있는가를 생각해보는 것이 가장 좋습니다.

같은 질문으로 여러 번 타로 리딩을 해도 되나요?

아무런 변화 없이 다시 타로 리딩을 한다면 거의 같은 내용이 나옵니다. 그러나 타로 리더가 어느 정도 이상의 레벨이 아니라면 그 둘이 같은 내용이라는 것을 잘 인식하지 못하는 경우가 많습니다. 그러나 이전의 타로 리딩으로 마음 깊이 다짐을 하는 등의 심경의 변화가 있다면 두번째 타로 리딩에는 완전히 다른 내용이 나올 수 있습니다. 이런 경우에는 타로에 대한(맞는 타로 리딩을 했음에도 불구하고) 불신을 심어줄 수 있습니다.

배열법을 많이 외워야 하나요?

많이 외울 수 있다면 좋습니다. 그러나 굳이 전부를 외울 필요는 없습니다. 전부 외운다는 것 자체도 불가능합니다. 네다섯 개 정도의 배열법만 외울 수 있으면 그것으로 거의 모든 질문을 해결할 수 있습니다.

한 장의 타로 카드에 좋은 의미와 나쁜 의미가 동시에 있는데 어떻게 해석해야 하나요?

대부분의 타로 카드가 좋은 의미와 나쁜 의미를 동시에 가지고 있습니다. 이중에서 어떤 것을 선택해야 하는가는 타로 리더의 역량에 달려 있습니다. 주변 카드와의 상관관계나 배열법에서의 위치 등을 고려해서 결정합니다.

정방향과 역방향 관련

정방향과 역방향을 구분해서 사용해야 하나요?

되도록 구분해서 사용하기를 권해드립니다.

모든 카드는 정방향과 역방향이 있나요?

아니오. 어떤 타로 덱에는 역방향을 쓰지 말도록 권장하는 덱도 있습니다. 매뉴얼을 참고하세요.

타로 리딩은 누구를 중심으로 해야 하나요?

타로 리딩은 타로 리더를 중심으로 하게 됩니다. 그러므로 타로 리딩을 받는 사람이 앞에 있다고 해서 그 사람을 중심으로 정, 역을 구분하는 것이 아니라, 타로 리더가 보는 방향에서 정, 역방향을 구분하시면 됩니다.

역방향은 어떻게 해석해야 하나요?

역방향은 일반적으로 정방향의 반대의 의미, 의미의 강화, 의미의 약화, 전혀 다른 의미의 네 가지 중에서 하나로 하게 됩니다. 대개의 경우 정방향의 의미 중에서 부정적인 의미들이 사용됩니다.

역방향이 너무 많이 나왔는데 다시 해야 하나요?

아니오. 역방향이 나오면 타로 리딩의 난이도가 높아져서 간혹 실수를 할까봐 다시 리딩을 하라고 권하는 분들도 계신데, 그냥 그대로 리딩을 해야 합니다.

역방향을 사용하지 않는 타로 덱으로 역방향을 사용해도 될까요?

역방향 자체가 누군가에 의해서 만들어진 의미이기 때문에 역방향을 사용하지 않는 덱이라 할지라도 사용이 가능하기는 합니다. 그러나 타로 덱을 만든 사람이 역방향을 사용하지 말 것을 권장했다면 의견을 존중하는 의미에서라도 사용하지 않는 편이 좋습니다.

기타

르네상스 타로의 세계 카드에서 오른쪽 위에 13(죽음)이라는 숫자가 써 있어요. 잘못된 건가요?

잘못 인쇄된 것입니다. 모든 르네상스 타로가 그런 상태입니다. 그냥 사용하시는 방법밖에는 없습니다.

카드를 한 장 잃어버렸어요. 어떻게 하죠?

공백 카드나 속표지 카드에 잃어버린 카드의 이름을 쓰시고 사용하시는 방법도 있지만, 새로 타로 덱을 구입하시기를 권해드립니다.

모던 타로는 무엇이고 고전 타로(클래식 타로)는 무엇인가요?

모던 타로와 클래식 타로는 일반적으로 웨이트 타로 덱을 기점으로 그 이전을 고전 타로, 그 이후를 모던 타로라고 합니다. 하지만 그 이후에도 고전 스타일로 나온 타로 덱이 많이 있습니다. 그 둘을 구분하는 정확한 기준은 없지만 마이너를 살펴보았을 때 웨이트처럼 상징이 그림으로 그려진 경우는 모던, 그렇지 않고 상징이 단순한 개수로 되어 있을 때는 고전이라고 분류합니다.

트럼프로 타로 점을 볼 수 있나요?

트럼프는 타로의 마이너와 연결이 됩니다. 클로버는 지팡이에, 스페이드는 검에, 하트는 성배에, 다이아몬드는 금화에 연결이 됩니다. 그러므로 마이너만을 이용한 타로 리딩을 할 수 있습니다. 그러나 소년과 기사가 합쳐져서 J가 되어 정, 역을 구분할 수 없습니다. 그 점만 고려하면 충분히 타로 리딩을 할 수 있습니다.

공백 카드가 뭔가요?

아무것도 그려지지 않은 타로 카드입니다. 대표적으로 라이더 웨이트 덱에 들어 있습니다. 타로 덱에 섞여서 알 수 없다는 의미로 사용하기도 하고, 한 장이 분실되었을 때 대신 사용하기도 합니다.

타로 카드는 몇 종류나 있나요?

수백 종류 이상의 타로 덱이 존재합니다. 국내에 수입된 것만 해도 수백 종이 넘습니다.

책에 있는 점 보는 방법이 제가 하는 것과 다른데 틀린 건가요?

틀린 것은 없습니다. 다른 것이 있을 뿐입니다. 서로 다른 방법일 뿐 맞고 틀린 것은 없습니다.

마치면서
Epilogue

　많은 이야기를 담고 싶었지만 막상 책으로 나오니 아쉬움이 남습니다. 안내서와는 다른, 타로 전반에 대한 이해를 넓힐 수 있는 책을 만들고 싶었기 때문입니다.

　어쨌든 많이 부족한 책이 만들어지기까지 저를 도와주신 많은 분들께 감사드립니다. 특히 같이 공부해주신 나우누리 타로 동호회 초급반 1, 2기 분들…… 부모님과 더불어 모두에게 감사의 말씀을 드립니다.

　그리고 이 책의 기획이 시작되고 마지막 구두점을 찍는 그 순간까지 저를 지지하고 애정으로 바라봐준, 제자이면서 연인이면서 동반자인 정경욱 님에게 이 책을 바칩니다.

　작은 소망이 있다면 이 책이 타로를 배우려는 많은 분들에게, 그리고 타로 애호가들에게 미약하나마 도움이 되었으면 좋겠습니다.

2003년 8월

최정안